Mystisches

(Für Gudrünchen)

Könnten Ahnen manchmal ahnen,
was uns Lebenden geschieht,
würd‘ der Himmel täglich weinen,
lautstark schallt‘ ein Klagelied.

„Ihr da unten, habt Ihr wirklich
ohne uns gar nichts im Griff?
Ihr könnt immer noch nicht schwimmen?
Dabei sinkt und sinkt das Schiff!“

Vielleicht ahnen‘s unsre Ahnen
und bewirken allerhand,
schicken scharenweise Engel,
die agieren mit Verstand.

Danken müssten wir den Ahnen,
doch wir ahnen‘s meistens nicht,
knapp am Baum vorbeigefahren
und verwundert übers Licht.

Ulrike Linke wurde 1964 in Wernigerode in Sachsen-Anhalt geboren und wuchs in der ehemaligen DDR auf. In ihrer Jugend absolvierte sie eine Ausbildung zur Kinderkrankenschwester. Ihren späteren Ehemann Joachim Presch lernte sie 1983 kennen. Nachdem dieser einen Familienbesuch in der Bundesrepublik nutzte, um nicht in die DDR zurückzukehren, stellte Ulrike Linke einen Ausreiseantrag und musste kurz vor dem Mauerfall im Juni 1989 die DDR verlassen. Gemeinsam mit ihrem Mann, ihrem Sohn Maximilian und ihrer Tochter Victoria wurde der Schwarzwald ihre neue Heimat.

Heute arbeitet sie als Autorin und hat zahlreiche Bühnenprogramme, Gedichte, Puppentheaterstücke, Kurzgeschichten und Satire für Kinder und Erwachsene veröffentlicht.

Ulrike Linke

Könnten Ahnen manchmal ahnen
Eine Familie unter den Augen der Stasi

Unter Mitarbeit von Joachim Presch

Printed in Germany

Lektorat: Andrea Söhner

Titelgestaltung und Satz: Tania Stuchl, design@stuchl.de

Fotos: privat

ISBN: 978-3-95457-214-238-0

www.aquensis-verlag.de
aquensis-verlag.e-bookshelf.de

Ulrike Linke

Könnten Ahnen manchmal ahnen

Eine Familie unter den Augen der Stasi

AQUENSIS®
MENSCHEN

Inhaltsverzeichnis

Wie alles begann …

Dezember war‘s, kalt war‘s, ich wurde geboren. Die Mamá wähnte sich bereits in den Wechseljahren, der Papá war unendlich stolz auf sein spätes Glück, und ich, tja, mich hatte vorher keiner gefragt, ob ich das alles wollte. Ich glaube, ich hätte NEIN gesagt. Hab ich aber nicht, denn ich konnte noch nicht sprechen, also nahm das Malheur seinen Lauf.

Ich tat, was Babys so eigen ist, trinken, schlafen, in die Hose machen. Habe ich etwas vergessen? Ab und zu schreien vielleicht, aber dies konnte meine Situation nicht wesentlich verbessern. Ich wurde vermutlich daraufhin auf den Arm genommen, die Großen machten „Butzi-Butzi“ und die Kleine, also ich, machte ein Bäuerchen, aber das war es dann auch schon.

Die Welt unserer Familie befand sich zu diesem Zeitpunkt schon gewaltig neben der Spur. Die Mauer stand seit dreieinhalb Jahren; nur in den Köpfen hatte sie sich noch nicht so breitgemacht wie Jahrzehnte später. Die Großen dachten, alles wird gut, denn die Arbeiter ließen sich bestimmt das schikanöse Vorgehen der Regierung nur begrenzt gefallen. Außerdem musste ein Teil der „Intelligenz“, so hieß man, wenn man studiert hatte, später der zu diesem Zeitpunkt russisch besetzten Zone mit Rat und Tat zur Verfügung stehen!

Es war also ein märchenhaftes Leben. Nichts war wahr, aber man glaubte an die gute Fee. Außer meiner Person, aber die war ja noch zu unmündig, um sich diesbezüglich Gehör verschaffen zu können. Und im Übrigen: Kinder hatten damals ohnehin nicht allzu viel zu melden, bei Tisch nicht, im Allgemeinen nicht und im Besonderen schon gar nicht. Ich muss allerdings fairerweise erwähnen, dass ich als sogenanntes Weltwunder einer Spätgebärenden schon gewisse, teilweise sogar gewaltige Privilegien hatte.

Einen Bruder gab es auch noch in meinem Leben. Er bewohnte unsere wunderschöne Welt bereits zweieinhalb Jahre vor meiner Zeit und hatte stets lustige Anregungen für seine kleine Schwester zur prompten Umsetzung parat. Von ihm werde ich später und immer wieder berichten.

Die gute Seele unserer Familie war Oma Gertrud, genannt Trudel. Sie hatte sich buchstäblich in den Sozialismus verirrt. Ursprünglich stammte sie aus einer angesehenen Apothekerfamilie in der Pfalz, genoss eine Erziehung in einem renommierten Schweizer Internat und heiratete nach dem Ersten Weltkrieg ihren Richard, der das Medizinstudium bravourös absolviert hatte, dann als Kanonenfutter für Kaiser Wilhelm zur Verfügung stehen musste und anschließend, denn er hatte den Wahnsinn schließlich überlebt, in Zeitz in Sachsen-Anhalt als Arzt Fuß fassen konnte. Das Fußfassen dauerte bis zu seinem Tod, dazwischen agierte er nochmals als Kanonenfutter, diesmal für den Sohn des Herrn Alois Schicklgruber, dem allseits bekannten Adolf Hitler.

Ursprünglich kam Opa Richard aus dem beschaulichen Frankenland. Er verbrachte die Kindheit und Jugend als Sohn einer vermögenden Kaufmannsfamilie in Uffenheim, glänzte durch gute Leistungen und eine ausgeprägte musische Begabung, er spielte wunderbar Klavier, und seine Porträtstudien zieren noch heute einen Teil unserer Wände.

Als junger Bursche begann er das vielversprechende Studium der Humanmedizin in Würzburg, welches ihm eine gute und sichere Zukunft bescheren sollte, wenn, ja wenn nicht zwei Weltkriege und noch anderes Ungemach dazwischengekommen wären …

Oft erzählte Großpapá uns Kindern und auch den Erwachsenen, die das nur bedingt hören wollten, von Stalingrad, von abgestorbenen Zehen der Soldaten, die dann morgens aufgrund eisiger Temperaturen im Feldbette lagen, und welche von ihm dann ärztlich entsorgt, die Überlebenden hingegen ärztlich versorgt wurden. Nun ja, auch dieser Irrsinn ging eines Tages, genauer gesagt am 8. Mai 1945, zu Ende.

Opa Richard wohnte wieder mit seiner Trudel in Zeitz und fühlte sich dort in der russischen Besatzungszone so gar nicht mehr heimisch. Der „Iwan" hatte seine luxuriöse Wohnung in Beschlag genommen, nachts wurde auf den Tischen getanzt, Wodka aus Meissner Tassen getrunken, und die Ampullen aus Großvaters Arztkoffer wurden mit Schwung und in Siegerlaune auf dem Fischgrätparkett zertreten. Es ging also im wahrsten Sinne des Wortes bunt zu, denn die Ampullen waren von mannigfaltig farbigem Inhalt und durch die Temperamentsausbrüche der Besatzer für immer verloren.

Das war aber nicht schlimm, denn für Richard und seine Trudel galt es, das einzige Töchterchen, meine spätere späte Mutter Gudrun, eine blonde, arische Schönheit, vor den Besatzern zu retten. Selbst im verschlossenen Kleiderschrank war sie nicht sicher, denn die russischen Alliierten waren stark, immer beschwipst, und sie spielten zu gerne Karussell mit dem Schrank, in dem sie Zuflucht suchte. Zum Glück gab es Leutnant Albert, einen jungen, kultivierten Offizier, der sie zu gerne geheiratet und mit nach Hause genommen hätte, die Finger aber von ihr ließ und für ihre Unversehrtheit sorgte.

So viel zur Herkunftsfamilie meiner lieben Mutter!

Auch mein Vater, der unerschrockene Recke Karl-Heinz, genannt Paulchen, dessen Spitzname ihm von Gudrun, meiner späteren späten Mutter, aufgrund einer gewissen Ähnlichkeit mit Paul Lincke, einem Berliner Musiker, verpasst wurde, verfügte über eine interessante Abstammung. Seine Frau Mamá war Tochter eines Sägewerkbesitzers in Schöningen, und der Herr Papá ein Kind des Vertrauten des Herman von Pückler im schönen Bad Muskau, der nicht nur für sein gutes Eis bekannt war.

Großvater Carl errichtete für sich und seine Lieben ein wunderbares Familiendomizil in der ehemaligen Residenzstadt Zeitz in Sachsen-Anhalt, wo er als Oberingenieur die Leitung einer, und wie es heißt, später seiner Brikettfabrik innehatte. Damals konnte er freilich nicht ahnen, dass alles, aber auch alles buchstäblich „den Bach runtergehen“ würde, dass sein pittoresk anmutendes Anwesen nach nur einem Jahrzehnt der privaten Nutzung den Alliierten und später den Regierenden des Kommunismus zum Opfer fallen würde. Wahrscheinlich gab es auch für ihn eine Art gute Fee. Diese spendierte ihm einen gnädigen, tödlichen „Herzschlag“ und ließ seine Witwe Margarethe die Nachkriegsmachenschaften der Sieger in Alleinherrschaft ausbaden. Margarethe war nun in jedweder Hinsicht gefordert. Auch die postalischen Angelegenheiten oblagen ihr. So erreichte sie beispielsweise am 30. April 1945 ein Schreiben des Zeitzer Oberbürgermeisters Jubelt, der ihr und den Ihren befahl, binnen eines Tages die Familienvilla zu verlassen.

Das Packen war rasch erledigt, denn sie mussten ihr Hab und Gut zurücklassen. So bekam die chinesische Weisheit, die damals vermutlich noch gar nicht bekannt war, „Nur wer loslässt, hat beide Hände frei“, eine sonderbare Bedeutung.

Der Vollständigkeit halber will ich erwähnen, dass die Witwe, also meine spätere Großmutter Margarethe, die ich leider nicht mehr kennenlernen durfte, da auch sie nach der Besatzung von zweierlei Alliierten, den Amerikanern, die hingebungsvoll mit ihren Daunenbetten auf dem Balkon „Frau Holle“ spielten und die übermütig das Hab und Gut der Familie ramponierten, und im Anschluss die hasserfüllten Russen, die von bitterer Rache beseelt waren, im kühlen Grab Zuflucht suchte.

Somit hatten also diese, meine beiden Ahnen, ihr irdisches Paradies verlassen. Ihren vier erwachsenen Kindern war dies allerdings noch nicht vergönnt. Lediglich Sohn Hans, der Älteste, schaffte den Abflug, denn er wurde alsbald von einem Auto auf mysteriöse Weise aus dem Weg geräumt.

Da waren's nur noch drei Geschwister, einer davon ein kämpferischer Querulant, nämlich der Recke Karl-Heinz, genannt Paulchen, seine Schwester Hildegard, die durch die Umstände verrückt wurde, wie es damals hieß, heute spricht man diesbezüglich von Depressionen, und das Nesthäkchen Hanna, das sich noch rechtzeitig nach Frankfurt am Main verheiratete und somit das große Abenteuer Mauerbau verpasste!

Der Kampf beginnt

Ich glaube, nun wird es Zeit, mit der eigentlichen Geschichte zu beginnen. Meine Ahnen durften Sie, verehrte Leser, ja bereits kennen-, ich möchte nicht sagen lieben lernen, meine eigenen Nachfahren waren noch, wie es im Osten hieß, „Quark im Schaufenster", also noch nicht geboren worden, und ich, die zukünftige Mutter meiner zwei Goldstücke, war zu diesem Zeitpunkt richtig klein, ohne Verstand und Mitspracherecht, wie es damals so schön hieß, und wie ich es bereits erwähnte.

Die Familie des unerschrockenen Recken Karl-Heinz lebte inzwischen in Rübeland im Harz, unweit der Zonengrenze, am hübschen Flüsschen Bode, mit lausig kalten Wintern und mit Mamá, dem goldgelocktarischen Gudrünchen, der allzu oft das Brennmaterial für den Ofen und die Ideen für das Leben mit Mann und zwei lebhaften Kleinkindern ausgingen. Glücklicherweise gab es ja Mamás Mutter, unsere geliebte Oma Trudel, die sich, obgleich schon im nahenden Greisenalter befindlich, ihrer Enkelchen annahm und diese sicher und voller Wärme durch eisiges Fahrwasser manövrierte. Sie meisterte diese ihre Aufgabe hervorragend! Inzwischen war sie Witwe geworden, vermisste Ehemann Richard schmerzlich und ließ der Familie ihres Gudrünchens all ihre Liebe, und das war eine Menge, zukommen.

Karl-Heinz, der Recke, also ihr Schwiegersohn und der Vater von meinem Bruder und mir, hatte bereits damals der ostdeutschen Regierung den Kampf angesagt. Er war wohl ein Visionär, sonst hätte er besser die Finger davongelassen! Den Kommunismus vermochte auch er, unser tapferer Held, nicht zu bändigen, geschweige denn zu bezwingen! Nur, das hatte ihm damals keiner gesagt, und sein humanistisch geprägtes Weltbild stand ihm diesbezüglich auch mehr als nur einmal im Wege.

Unser Recke arbeitete, wie es so schön heißt, in gehobener Position, nicht als Sesselpupser, sondern als umtriebiges Organisationstalent mit enormem Verhandlungsgeschick und einem goldenen Händchen zur Lösung vieler vom Sozialismus handgemachter Materialprobleme. Der Slogan, welcher bereits im Januar eines jeden ostdeutschen Jahres Anwendung fand, „Der Plan ist erfüllt und übererfüllt", zählte für ihn nicht und brachte ihn buchstäblich „auf die Palme", denn diesbezüglich orientierte er sich eher am Realismus.

Alsbald sollte Recke Karl-Heinz Berichte liefern, denn seine Augen waren scharf, seine Ohren waren gut, sein Geist war wach …

Also berichtete er in Recken-Manier: „Die Genossen des Werkes fallen durch großen Hochmut auf. Sie verprassen die Prämien der Arbeiter und sind für große Teile der Misswirtschaft verantwortlich." Und so weiter und so fort ...

Ob er damit eine politische Veränderung herbeiführen wollte, entzieht sich meiner Kenntnis. Auf jeden Fall ging dieses Manöver komplett in die Hose. Recke Karl-Heinz pfiff darauf und unternahm erfrischende Wanderungen im schönen Harz bis hinauf nach Schierke, wo die Welt zu Ende war, es sei denn, man suchte die Bekanntschaft mit den Grenzsoldaten der Volksarmee. Recke Karl-Heinz jedoch suchte überhaupt keine Bekanntschaften. Er schöpfte Kraft aus der Natur, und bald schon schöpfte der Geheimdienst Verdacht. Solch' ein Wandersmann in ausgetretenen Schuhen, bisweilen mit einem Pilzkorb bewaffnet, ja der war schon ein enormes Risiko für die junge Deutsche Demokratische Republik. Vielleicht trug Recke Karl-Heinz gar Wanderschuhe mit doppeltem Boden, in denen geheime Pläne versteckt waren? Dem musste Einhalt geboten werden, und flugs hefteten sich zahlreiche IM's, inoffizielle Mitarbeiter der Stasi, an seine Fersen, unter denen sich ja die Schuhe mit wahrscheinlich doppeltem Boden befanden. Der nunmehr Verdächtige, Recke Karl-Heinz, verhielt sich sehr geschickt. Der Pilzkorb war besonders im Herbst sein treuer Begleiter, was ihn noch verdächtiger erscheinen ließ. IM „Sofa“ mit seinen Getreuen IM „Karre“, IM „Tanne“ und wie sie alle hießen, waren bald ratlos, vermutlich auch weitaus schlechter zu Fuß als Recke Karl-Heinz. Ihr trauriger Bericht erreichte den Oberbefehlshaber, seiner Zeit Oberfeldwebel Brennecke, der nunmehr eine Liquidierung anordnete. Zu gerne hätte er gewusst, welche Botschaft sich in Recke Karl-Heinz doppelten Schuhsohlen befand, aber bis zur Vollstreckung sollten noch viele Jahre vergehen, denn Recke Karl-Heinz wurde schließlich gebraucht!

Papá tat, was für ihn zu tun war, er pfiff auf die inzwischen offensichtlich gewordenen Schikanen seiner Vorgesetzten. Von der Existenz der treuen Wegbegleiter IM „Tanne“, „Karre“, „Sofa“ und wie sie alle hießen, wusste er nichts. Falls ihn diesbezüglich jemals eine Ahnung ereilt haben sollte, hätte er gewiss noch lauter gepfiffen, denn die Bewohner von Rübeland hatten ihm längst den Spitznamen „Pfifferling“ verpasst, was seiner Leidenschaft, pfeifend durch den Wald auf der Suche nach Pfifferlingen unterwegs zu sein, eine im wahrsten Sinne des Wortes doppelte Bedeutung verlieh. Ja, das Pfeifen konnte er gut, er war ein pfeifender Wandersmann mit Pilzkorb. Kann man sich einen gefährlicheren Spion als diesen im kalten Krieg vorstellen? Gewiss nicht …

Recke Karl-Heinz hatte einen ganz anderen verwegenen Plan. Er wollte doch tatsächlich das herrschaftliche Haus seiner verstorbenen Eltern, deren Erbe er ja war, wieder selbst nutzen. Was für eine anmaßende Idee. Im Arbeiter-und-Bauern-Staat kam so etwas gar nicht in Frage! Die Zeit der Herren war vorbei. Das wurde mir, dem kleinen Ulrikchen, das inzwischen schulpflichtig war, tagtäglich buchstäblich eingebläut. Manch

Lehrer benutzte hierfür sogar ein wuchtiges Holzlineal. Dieses ließ er auf das Haupt des Querulanten-Kindes Ulrikchen sausen und hoffte auf baldige Einsicht und Besserung desselben. Jedoch: Querulanten-Kinder waren eine Seltenheit, und sie verfügten naturgemäß über harte Schädel, was oft nicht auf den ersten Blick zu sehen war und die erziehenden Holzköpfe umso schlagkräftiger, oder sollte man sagen schlagfertiger machte. Und damit komme ich zum kleinen Ulrikchen, also zu meiner Person.

Aus dem Nähkästchen geplaudert

Einen winzigen Auszug meines Werdeganges als aufstrebende Schülerin gewährte ich ja bereits, aber das Leben hielt noch weitere Delikatessen für mich bereit. Da Recke Karl-Heinz sich bekannterweise hartnäckig nicht nur auf dem Pfade der Tugend und des Pilzesammelns, sondern auch auf dem des Widerstandes gegen die sozialistische Staatsgewalt befand, wurde ich als Kleinkind kurzerhand und wohl auch meiner Sicherheit halber zu Oma Trudel befördert, wo ich fortan die Seele baumeln lassen konnte und auch die Schule besuchte. Recke Karl-Heinz mit seinem blonden Wunder, also meiner Mamá, und Bruder Jürgen bekam ich nur noch an den Wochenenden zu Gesicht. Dann wurde heile Welt gespielt, der Kommunismus ausgeklammert und das gute Meissner aufgetragen. Samstagabend gab es für den Recken Cognac und sonntags Punkt zwölf den „Frühschoppen“ mit Werner Höfer im Westfernsehen. Der alte Röhrenfernseher wurde zu diesem Zwecke von Oma Trudel gegen elf Uhr angeschaltet, denn er brauchte „Aufwärmzeit", währenddessen im Backrohr „Karpfen blau" seinem Garpunkt entgegenstrebte. Wenn Herr Höfer verstummt war und seine Gäste beschwipst, servierte Oma das grätenreiche blaue Tier mit Salzkartoffeln und selbstgeriebenem Meerrettich. Davon hatten wir in der Mangelwirtschaft meist ausreichend Vorrat. Zum Nachtisch gab es Dosenpfirsiche und „Schlag Fit" aus dem Intershop oder Omas Kirschenplotzer nach Pfälzer Art.

Im Anschluss wurden unsererseits, also von Mamá, Papá, Bruder Jürgen und mir, sonntäglich gekleidet, Familienbesuche abgestattet, das heißt, es ging zum Friedhof, wo wir all jenen unsere Aufwartung machten, von denen ich bereits berichtete. Auf dem Gelände der letzten Ruhestätte kannte ich mich vortrefflich aus. Ich kannte alle Grabstätten der bedeutenden Fabrikanten und Persönlichkeiten unserer Stadt, ich wusste natürlich auch über deren Leben Bescheid und hätte bisweilen sogar über die Todesumstände Auskunft erteilen können. Das wiederum hatte ich Tante Hilla zu verdanken, der nervenkranken, herzensguten Schwester meines Vaters, die ihren Bruder, den Recken Karl-Heinz, sehr verehrte und uns Kinder über alles liebte.

Ja, unsere gute alte Tante Hilla, in der Geburtsurkunde als Hildegard Agnes Berta tituliert, sie stellte einen Meilenstein auf der langen Reise meiner Menschwerdung dar. Eigentlich wurde sie durch den Rauswurf aus der Familienvilla Ende April 1945 obdachlos, denn der Arbeiter-und-Bauern-Staat versagte ihr den Anspruch auf eigenen Wohnraum! Ihre großbürgerliche Abstammung hing selbst über dieser herzensguten, konfliktvermeidenden Person wie ein Damoklesschwert. Sie fand Unterschlupf bei meiner fabelhaften Großmutter Trudel, bewohnte dort eine kleine Gästekammer, lebte genügsam, bisweilen unglücklich, und wurden die Erinnerungen an das verlorene Leben übermächtig, war schnell ein Wärter des Krankentransportes zur Stelle, der sie in die Zwangsjacke steckte und zur Genesung in psychiatrische Anstalten verfrachtete. Dort hatte sie über Monate hinweg Dienste für die Allgemeinheit zu leisten. Vielleicht sogar für den Klassenfeind, denn es gab da so ein Möbelhaus …, aber ich weiß es nicht genau. Besuch zu empfangen, war ihr untersagt, sie musste artig bunte Pillen und noch mehr schlucken und durfte, wenn sie keine Sperenzien machte, spätestens nach einem Jahr wieder die Heimreise in die Gästekammer bei Oma Trudel antreten. Für ihren Bruder, den Recken Karl-Heinz, stellten diese medizinischen Ein- und Übergriffe ein großes Malheur dar. Er, der Freigeist, konnte mit dieser Art Freiheitsberaubung gar nicht umgehen, denn er plante ein Mehrgenerationenprojekt in der elterlichen Villa und wollte für die Seinen und natürlich für die liebe Hilla, seine große Schwester, Sorge tragen. Das Familienanwesen war zwar mittlerweile auf behördliche Anordnung in eine staatliche Musikschule umfunktioniert worden, aber unerschrocken und voll optimistischen Irrglaubens bereitete er die Zukunft vor, sammelte nun statt Pilzen Akten, studierte das Bürgerliche Gesetzbuch und kannte es bald auswendig. Den „Satz mit X, es war wohl NIX“, gab es für ihn nicht. Er glaubte an seinen Sieg, legte jedoch bei jeder Schlacht eine Bauchlandung aufs Parkett. Zahlreiche Advokaten konnten ihm da auch nicht behilflich sein, staatstreue Schöffen, von Beruf Melker, Mähdrescherfahrer, Traktorist und dergleichen, führten das Kommando und bestimmten das Geschehen im Arbeiter-und-Bauern-Paradies …

Ein kleiner Tipp am Rande

Läuft Dein Leben grad nicht heiter,
merk Dir, es geht immer weiter.
Sind die Wunden voller Eiter,
rückwärts fielst Du von der Leiter ...

Sind selbst nachts durch Fieberschübe
Deine scharfen Sinne trübe,
warte ab, verzage nicht,
mit dem Morgen kommt das Licht!

Wagst Du trotzdem nicht zu hoffen,
lass die Fensterläden offen.
Ein verirrter Sonnenstrahl
wärmt und heilt oft kolossal!

Villa Linke

Margarethe und Carl Linke – Eltern von Karl-Heinz Linke

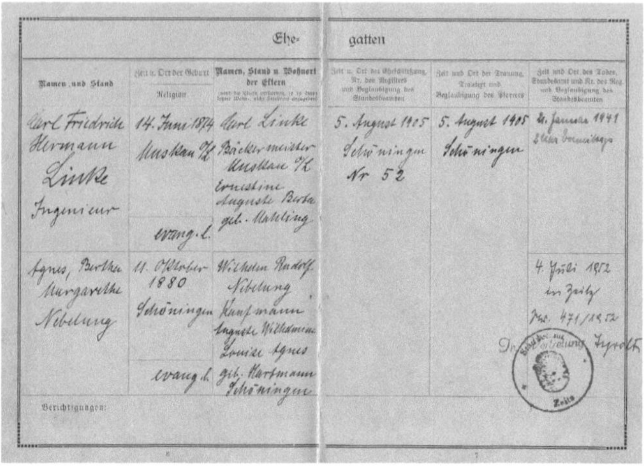

Ehegatten					
Namen und Stand	Zeit u. Ort der Geburt / Religion	Namen, Stand u. Wohnort der Eltern	Zeit u. Ort der Eheschließung, Nr. des Registers und Beglaubigung des Standesbeamten	Zeit und Ort der Trauung, Trautext und Beglaubigung des Pfarrers	Zeit und Ort des Todes, Standesamt und Nr. des Reg. und Beglaubigung des Standesbeamten
Carl Friedrich Hermann Linke Ingenieur	14. Juni 1874 Muskau O/L evang. L.	Carl Linke Bäckermeister Muskau O/L Ernestine Auguste Berta geb. Mahling	5. August 1905 Schöningen Nr 52	5. August 1905 Schöningen	4. Januar 1941 [illegible]
Agnes, Bertha Margarethe Nibelung	11. Oktober 1880 Schöningen evang. L.	Wilhelm Rudolf Nibelung Kaufmann Auguste Wilhelmine Louise Agnes geb. Hartmann Schöningen			4. Juli 1952 in Zeitz Nr. 471/1952

Berichtigungen:

Auszug Ahnenpass Familie Linke

Die alte Braunkohlefabrik

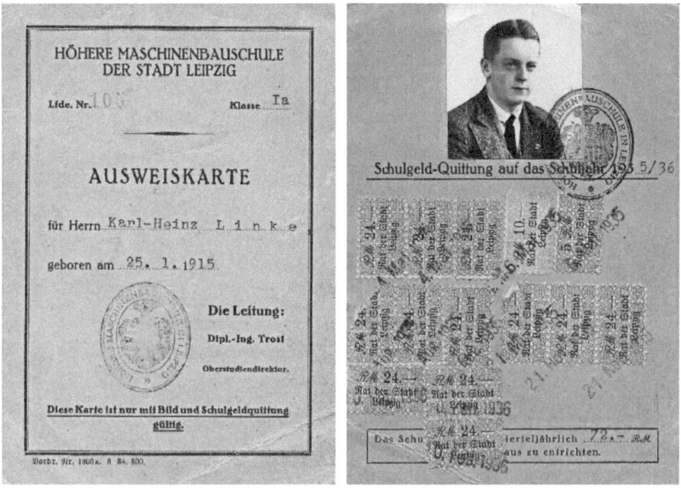

HÖHERE MASCHINENBAUSCHULE
DER STADT LEIPZIG

Lfde. Nr. 10 Klasse Ia

AUSWEISKARTE

für Herrn Karl-Heinz Linke

geboren am 25. 1. 1915

Die Leitung:
Dipl.-Ing. Trost
Oberstudiendirektor.

Diese Karte ist nur mit Bild und Schulgeldquittung gültig.

Schulgeld-Quittung auf das Schuljahr 1935/36

RM 24.– Rat der Stadt Leipzig

RM 10.– Rat der Stadt Leipzig

Das Schu… vierteljährlich 72.– RM … aus zu entrichten.

Ausweis Karl-Heinz Linke – Höhere Maschinenbauschule

Margarethe Linke mit
Tochter Hildegard

Karl-Heinz Linke

Die „Graf Zeppelin“ über Zeitz

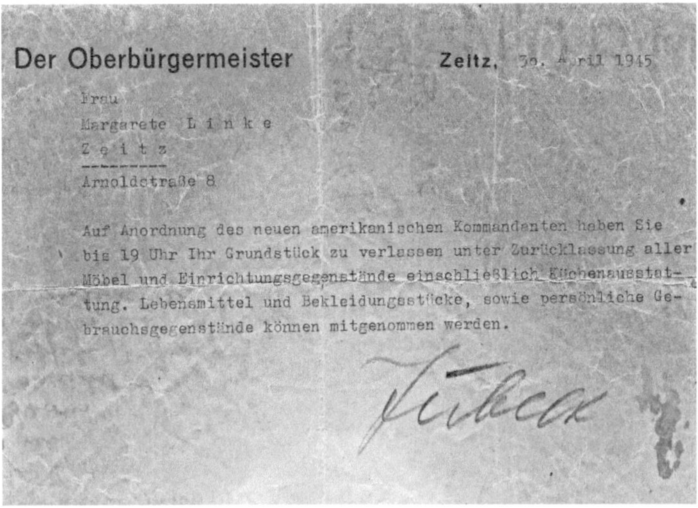

Der Oberbürgermeister Zeitz, 30. April 1945

Frau
Margarete L i n k e
Z e i t z

Arnoldstraße 8

Auf Anordnung des neuen amerikanischen Kommandanten haben Sie bis 19 Uhr Ihr Grundstück zu verlassen unter Zurücklassung aller Möbel und Einrichtungsgegenstände einschließlich Küchenausstattung. Lebensmittel und Bekleidungsstücke, sowie persönliche Gebrauchsgegenstände können mitgenommen werden.

Schreiben des Zeitzer Oberbürgermeisters Jubelt vom 30. April 1945

Dr. med. Richard Schneider

Dr. med. Richard Schneider mit Gemahlin
Gertrud Schneider geb. Schwarz

Dr. med. Richard Schneider in Zeitz

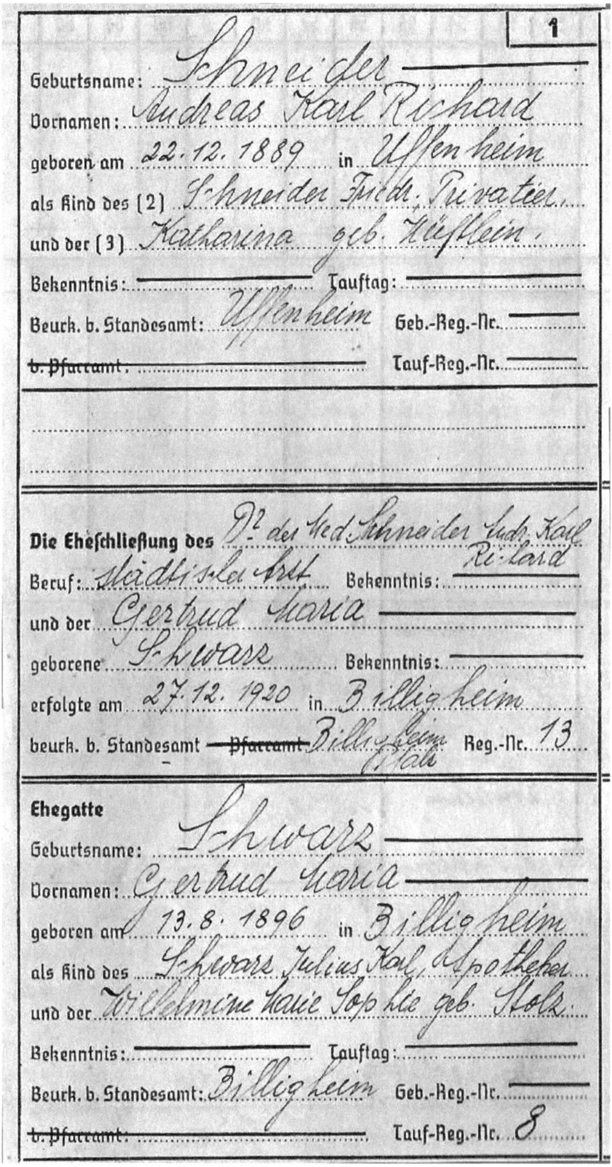

1

Geburtsname: Schneider

Vornamen: Andreas Karl Richard

geboren am 22.12.1889 in Uffenheim

als Kind des (2) Schneider Friedr. Privatier.

und der (3) Katharina geb. Häfflein.

Bekenntnis: — Tauftag: —

Beurk. b. Standesamt: Uffenheim Geb.-Reg.-Nr. —

~~b. Pfarramt:~~ — Tauf-Reg.-Nr. —

Die Eheschließung des Dr. der Med. Schneider Andr. Karl Richard

Beruf: städtischer Arzt Bekenntnis: —

und der Gertrud Maria —

geborene Schwarz Bekenntnis: —

erfolgte am 27.12.1920 in Billigheim

beurk. b. Standesamt ~~Pfarramt~~ Billigheim Pfalz Reg.-Nr. 13

Ehegatte

Geburtsname: Schwarz

Vornamen: Gertrud Maria

geboren am 13.8.1896 in Billigheim

als Kind des Schwarz Julius Karl, Apotheker

und der Wilhelmine Marie Sophie geb. Stolz

Bekenntnis: — Tauftag: —

Beurk. b. Standesamt: Billigheim Geb.-Reg.-Nr. —

~~b. Pfarramt:~~ — Tauf-Reg.-Nr. 8

Auszug Ahnenpass Familie Schneider

Dr. med. Schneiders Freunde
Friedensnobelpreisträger Albert Schweizer
und Pfarrer Dr. Emil Lind

Mein Engel auf Erden

Aber vorerst wollte ich ja über Tante Hilla berichten, die liebe treue Seele, die an guten Tagen unermüdlich für uns Kinder sorgte und an schlechten Tagen den nahenden Weltuntergang prophezeite.

Jedenfalls erinnere ich mich oft und gerne an ihre guten Tage zurück. Sie nahm mich, als ich noch im entsprechenden Alter war, an die Hand, spazierte mit mir durch Berg und Tal, konnte alle Blümlein benennen, kannte alle Flüsslein und bei Nacht alle Sterne und deren Bilder. Dies hatte ihr deren Vater Carl beigebracht, also profitierte auch ich noch vom unbekannten Opa Carl, den einst der Herzschlag hinweggefegt hatte.

Mit Tante Hilla besuchte ich voll kindlicher Inbrunst den Friedhof. Sie kannte sie alle! Jedenfalls all jene, die in den prachtvollen Ruhestätten lagen, mit Marmor, Putten, goldenen Inschriften und Engeln mit sanften Gesichtern und ausholenden Gesten. Ich komme jetzt noch ins Schwärmen, wenn ich die Gedanken an damals zurückschweifen lasse. Ich erfuhr, welche Dame vom Kindbettfieber dahingerafft wurde, welches Kleinkind den Scharlach nicht überlebte, welcher Herr durch einen bösen Sturz vom wilden Ross sein Leben aushauchte, wer ein wenig zu viel vom Falschen trank und worüber die feine Gesellschaft so spekulierte, denn auch das Hinwegscheiden war damals eine interessante Angelegenheit.

Später durfte ich auf meinem Fahrrad bis zum Friedhofstor radeln. Ich beherrschte mein Gefährt recht gut, fuhr flott und laut klingelnd voran. Das machte besonders Spaß, weil meine liebe alte Tante Hilla aus Sorge um mich ausdauernd und, wie gesagt, im fortgeschrittenen Alter, neben mir herrannte. Mit

Verkehrsschildern hatten wir es, wie man so schön sagt, beide nicht, und Einbahnstraßen entbehrten jeder Bedeutung. Ich benutzte sie auf dem Weg zum Friedhof und natürlich auch wieder auf dem Nachhauseweg. Eine von beiden Fahrtrichtungen war auf jeden Fall die falsche. Manchmal machten uns Autofahrer per Lichtzeichen oder Hupen auf unser Fehlverhalten aufmerksam, dann reagierte Tante Hilla begeistert.

„Liebes Kind, schau, wie sie sich über deinen sicheren Fahrstil freuen!“, pflegte sie juchzend von sich zu geben, und ich war dann recht zufrieden mit mir und unserem Ausflug.

Freilich stellten diese Art Ausflüge kein wirkliches Highlight, wie man heute sagen würde, im Leben eines kleinen Kindes dar, aber damals waren die Begebenheiten etwas anders. Ich wurde nicht im falschen Körper geboren, jedoch zur falschen Zeit im falschen Gesellschaftssystem, nämlich in einem, in dem die Existenz solcher Relikte wie mir nicht vorgesehen war.

Das gemeine DDR-Kind meiner Altersklasse hatte Eltern, die maximal halb so alt waren wie die meinen, meist die „20“ bei der Geburt der Kleinen noch nicht erreicht hatten, was deren Chancen auf dem knappen Wohnungsmarkt erheblich erhöhte.

Das gemeine DDR-Kind wurde geboren, besuchte alsbald die Kinderkrippe und im Anschluss den Kindergarten. Wenn es Glück hatte, nahmen es die Eltern abends zu sich, wenn nicht, durfte es auch tage- oder wochenweise in der sozialistischen Verwahranstalt verweilen.

Später, nach Schulbeginn, gab es für das gemeine DDR-Kind mittags eine meist eigenartige, kalorienreiche, schwerverdauliche Schulspeisung und anschließend die Aufbewahrung im Hort. Gegen Abend ging das gemeine DDR-Kind nach Hause, es hatte meist einen Schlüssel um den Hals hängen, schloss mit diesem die Wohnungstür auf und machte sich bettfertig.

Ich jedoch benötigte weder Schulspeisung noch Wohnungsschlüssel. Ich lebte ja, wie gesagt, in der Obhut meiner fabelhaften Oma Trudel und der liebevollen Tante Hilla. Die Wohnung war riesig und retro, war mit wunderbaren Antiquitäten bestückt und bestand aus einer endlosen Zimmerflut, fließend warmem Wasser, einer zauberhaften schwarz-weiß gefliesten Küche und einem angrenzenden großen Dachgarten. Alles in allem „Old School", nur das durfte ich in der Schule wegen des Lehrers mit dem schlagkräftigen Holzlineal nicht erwähnen, Sie wissen schon …

In diesem Zusammenhang erinnere ich mich an eine Episode im Russischunterricht, im Osten ein Pflichtfach ab Klasse fünf. Der Lehrer begehrte die Aufzählung der Zimmer, welche die Schüler mit den Angehörigen zu Hause bewohnten. Es wurde fleißig aufgesagt und vom Lehrer mit Wohlwollen registriert. Wohnstube, Schlafstube, falls verfügbar Kinderzimmer und Küche plus Klo. Dieses befand sich oft auf halber Treppe und war Marke „Plumps", vielleicht haben auch Sie schon von derartigen Einrichtungen in alten Schriften gelesen.

Ich beteiligte mich nicht an dieser Art des Ausgefragtwerdens, kam aber prompt an die Reihe. Wir hatten bei Oma Trudel auch ein Herrenzimmer. Mir fehlte hierzu die russische Übersetzung, und ich bat den Pädagogen um Hilfestellung. Oh, wie schnell der kleine, runde Mensch nun zur Stelle, nicht zur Hilfe, eilte! Er ohrfeigte mich und schrie mit dunkelrot verfärbtem Kopf: „Die Zeit der Herren ist vorbei, das wirst auch Du noch irgendwann kapieren!" Die rote Gesichtsfarbe passte hervorragend zur politischen Einstellung des Russisch-Spezialisten, und ich hatte eine weitere Lektion begriffen, Rot-Front galt auf allen Ebenen!

Oma war die Haupterzieherin in meinem Leben. Trieb ich es einmal zu wild, schickte sie mich zur Läuterung in die Speisekammer. Welch herrliche Maßnahme! Dort gab es Nutella satt, leckere Schokolade und noch viel mehr Delikatessen aus dem Intershop. Ja, sie pflegte schon einen besonderen Erziehungsstil!

Während einige Schulkameraden regelmäßig mit einem vom Vater oder von der Mutter geschlagenen blauen Auge zum Unterricht kamen, hatte ich höchstens unter einem Blähbauch zu leiden. Tante Hilla schimpfte nie, jedenfalls nicht mit mir. Egal was ich tat, es erfüllte sie mit Freude und Stolz. Welch ein Glück für mich! Stundenlang konnte sie vorlesen, und wenn ich es wünschte, zigmal dieselben Passagen. Hingebungsvoll rettete sie meine verunglückten Handarbeiten aus dem diesbezüglichen Schulunterricht und mich vor schlechten Noten in diesem Fach. Wie geduldig spielte sie immer wieder „Für Elise" auf dem Klavier, während ich dem Instrument maximal, und das auch nur an guten Tagen, den Flohwalzer entlocken konnte, trotz eines Privatlehrers, der sich wirklich Mühe mit mir gab!

Hätte ich heute einen Wunsch frei, würde ich einem jeden Kind eine Tante Hilla an die Seite stellen, denn ein entspannteres Größerwerden für die Kleinen ist nicht vorstellbar!

Oma Trudel war diesbezüglich mehr die gestrenge Tochter aus gutem Hause. Die wollte sie auch aus mir machen, jedoch der Sozialismus spielte da nicht mit. Sie allerdings nahm die Feindseligkeiten der Außenwelt gar nicht zur Kenntnis, schlüpfte, wenn die Temperaturen sanken, in ihren Nerzmantel, setzte die dazugehörige Kappe auf den Kopf und verließ, meist in Begleitung des Ulrikchens, also meiner Person, die herrschaftliche Wohnung. Oma Trudel nahm bisweilen Einladungen alter Freunde und Weggefährten an, die wie sie allesamt der „Zopfzeit" entstammten und noch genauso wohnten wie wir oder zumindest so ähnlich. Der Geist von Omas Bekannten war wach, es wurde weder gejammert noch dem Feinde Schwäche gezeigt. Man reichte Bahlsen-Gebäck und benutzte edles Geschirr. Einen Ruf zu verlieren hatte von ihnen freilich keiner mehr, ihnen wurde ja bereits 1945 alles genommen, also mussten sie sich über Fabriken, Bilanzen und gesellschaftliche Verpflichtungen keine Gedanken mehr machen.

So wuchs ich also heran, aus heutiger Sicht gewiss etwas bizarr, aber damals war es für meine Wenigkeit der ganz normale Kinderalltag.

Die Sommerfrische

Wenn es Sommer wurde, hieß es Koffer packen, Papá, der Recke Karl-Heinz, hatte für seine Lieben, einschließlich der Tante Hilla, Oma Trudel und seiner eigenen Wenigkeit, alljährlich Ferienplätze in einer wunderbaren Pension am Werbellinsee, unweit von Berlin, gebucht. Mamá, sein blondes Glück, liebte diese Gegend seit Kriegsende, also so ungefähr seit 1945. Sie arbeitete damals und bis zu ihrer Heirat 1959 als Medizinisch-Technische Assistentin (MTA) an der Berliner Charité, kannte den legendären Professor Sauerbruch übrigens noch persönlich und verbrachte die Wochenenden von Mai bis Oktober in der herrlichen Schorfheide, in Altenhof am Werbellinsee. Ihre Eltern hatten ihr ein Paddelboot geschenkt, welches nun auch uns, ihren Nachkommen, in jedem Sommer prächtige Dienste erweisen durfte.

Aber zuerst hieß es Koffer packen. Mamá packte reichlich in die sogenannten Postmietbehälter der Deutschen Demokratischen Post – vielleicht konnte sie sich nicht entscheiden, welche Auswahl sie treffen sollte, vielleicht wollte sie aber nur für jedwede Umstände gerüstet sein; so genau wusste das keiner von uns.

Unser Auto, Marke Wartburg, meist fahrbereit und von Omas Westgeld aus dem Verkauf ihrer Apotheke in der Pfalz in D-Mark bezahlt, hatte wahrlich mit dem Transport unserer Familie mehr als genug zu tun.

Sechs Personen, damals galt noch keine Anschnallpflicht, Proviant für mindestens vier Stunden Fahrzeit, Puppen und Spielzeugautos für uns Kinder, welche bei Streitigkeiten auch schon mal durchs geöffnete Wartburg-Fenster ihre Urlaubsreise beendeten, gemeint sind die Puppen, nicht die Kinder, und einer Mamá, die nie ohne Reisewaschlappen in die Sommerfrische fuhr und ungeniert uns Kindern damit abwechselnd die Gesichter säuberte … Den Geruch des Utensils habe ich noch heute in der Nase, igitt!!!

Nur Papá, der Recke Karl-Heinz, blieb von ihrem liebgewonnenen Säuberungsritual verschont. Wahrscheinlich wäre er, der Ästhet, sonst ohnmächtig geworden oder an einen Baum gefahren oder gleich beides auf einmal!

Irgendwann erreichten wir dann das Ziel unserer Reise, was man von den Postmietbehältern nicht behaupten konnte. Deren Reise dauerte wie jedes Jahr wochen-, wenn nicht sogar monatelang! Somit nutzte ihr Inhalt in Altenhof keinem von uns, was aber der Urlaubsqualität keinen Abbruch tat. Außerdem hatten wir Kinder bei Ankunft in Altenhof stets neue Utensilien mit an Bord.

Papá chauffierte uns stets zielsicher über die Autobahn. Hatten wir erst den Berliner Ring erreicht, kannte unsere kindliche Freude kein Ende mehr, denn dann, ja dann war es so weit. Wir machten Rast in Michendorf, an einer Tankstelle mit integrierter Interzonenraststätte. Dort gingen „westliche Menschen" ein und aus, der Hauch der großen weiten Welt umgab sie, und auch wir Geschwister versuchten, daran zu schnuppern. Wir verteilten uns flugs auf dem von Westlern besetzten Parkplatz, öffneten sämtliche Mülleimer und eigneten uns so viele Schätze an, die im Wartburg kaum noch Platz hatten. Der herrlichere Duft des Westens entströmte jeder Mülltonne und später natürlich auch dem erbeuteten Sammelgut. Leere Cola-, Limonaden- und Bierdosen, Tic-Tac-Schächtelchen und Zigarettenboxen, bisweilen wechselten sogar feindliche Joghurtbecher mit Fruchtaroma die Fronten und befanden sich fortan in unserem Besitz. Mamás Waschlappen drohte, den Dienst zu versagen. Sie selbst schien zu kollabieren. Voll Ekel wollte sie uns unsere Schätze abspenstig machen, was ihr aber nicht gelang, denn wir waren zu zweit, also in der Überzahl.

Aber nun komme ich zur eigentlichen Sommerfrische. Wir logierten alljährlich in der Pension Wollkopf in Altenhof am wunderbaren Werbellinsee. Was war das für ein Genuss! Das kleine Hotel, denn die Pension hatte wahrlich einen solchen Charakter, ich behaupte noch heute 5*****plus, war ein Paradies, ein wahrhaftes, wunderbares Paradies für Groß und Klein! Wir bewohnten verschiedene Zimmer, alle zur Seeseite gelegen, herrlich, herrlich, herrlich!

Die Inhaber, also Herr und Frau Wollkopf, ein Gastronomenpaar mit Leib und Seele, beherrschten ihren Beruf von der Pike an. Sie konnten ALLES! Vorzügliche Rote Grütze mit Vanillesoße, ebenso Bratkartoffeln mit Zwiebeln und Speck, Aal grün oder geräuchert, Limonade aus dem Zapfhahn, mal rot, mal gelb, mal grün … Für uns Kinder waren sie wahre Zauberer. Die Zimmermädchen der Pension Wollkopf verwandelten unsere zerwühlten Bettchen tagtäglich in herrliche Schlafstätten, putzten die Bäder und auch die Fenster, an denen wir uns unsere mit Creme 21 eingeschmierten Nasen oft plattdrückten.

Auf der benachbarten Badewiese beobachteten wir oft befremdliches Tun und Treiben. Treiben einer Horde Kinder. Die „Villa Rose“, die einst einem Berliner SS-Bonzen gehört hatte und nunmehr von den Machthabern der DDR in ein Kinderferienlager umfunktioniert worden war, beherbergte viele davon. Sie hüpften in Reih und Glied über die Badewiese, fröhlich, korrekt und angepasst. Manchmal kam ein als Neptun verkleideter FDJ-Sekretär und trieb seine Possen mit ihnen. Wir verstanden dies zwar nicht, aber es schien schon seine Richtigkeit zu haben.

Unsere Oma Trudel flanierte regelmäßig am Abend mit uns auf der Seepromenade. Der Werbellinsee lag dann wie ein Spiegel zu unserer Rechten, und zu unserer Linken spazierten DDR-Persönlichkeiten aus einem für Ost-Bonzen errichteten Urlaubs- und Erholungsheim umher. An einem Bootssteg machten wir gerne Rast. Ich erinnere mich, wie Oma Trudel an einem dieser wunderbaren Urlaubsabende mit einer Dame, oder war es eher eine Frau, ins Gespräch kam. Um jedwede Langeweile zu vermeiden, erfanden mein Bruder Jürgen und ich ein Spiel. Wir benutzten dazu Stöcke, angelten mit diesen Algen aus dem See und warfen sie weitmöglichst von dannen. Um dem Ganzen einen Kick zu verleihen, riefen wir laut: „Vorsicht, hier kommt ein Fisch!" Das bescherte uns Kurzweil und Freude. Leider landete einer meiner „Fische" nach einiger Zeit ungewollt auf dem Haupte der fremden Frau oder Dame, für die ich sie nicht gehalten hätte. Oma Trudel entschuldigte sich vielmals, was die Person nicht davon abhielt, der Großmamá ein „Ihre Kinder kennen keinen Gehorsam" mit auf den Weg gegeben zu haben. Zu Hause erzählte die liebe Trudel, es wäre Anna Seghers, eine bekannte DDR-Schriftstellerin gewesen, deren Haupt ich mit der Algen-Kur behandelt hätte. Da hat diese Person doch wirklich Glück gehabt, denn Algenpackungen sind auch heute noch eine sehr kostspielige Angelegenheit!

Recke Karl-Heinz, unser lieber Papá, nutzte die Urlaubsaufenthalte am schönen Werbellinsee nicht nur zum Schwimmen, eine seiner großen Leidenschaften, die ihm Jahre später das Leben kosten sollte. Die Schorfheide war sein Revier. Allmorgendlich zog er los, parkte den Wartburg auf einem Waldweg und begab sich auf Schusters Rappen über Stock und Stein. Manchmal begleiteten wir Kinder ihn, aber meist waren wir zu bequem, um ihm stundenlang durchs Dickicht zu folgen. Taten wir es doch, machten wir ihn glücklich. Jeder bekam einen Korb oder ein Gefäß, in welchem die Ausbeute unserer Streifzüge durch die Schorfheide Platz finden sollte. Mir hatten es besonders die alten Stahlhelme angetan, die zahlreich den weichen Waldboden zierten und Zeugnis von fürchterlichen, grausamen Schlachten am Ende des 2. Weltkrieges ablegten. Zu gerne hätte ich erfahren, welche Köpfe sich einst unter jeglichen Helmen befanden, welche Kämpfe rund um Berlin zum Ableben der vielen Soldaten führten, ob sie Familie hatten und wenn ja, ob deren Kinder wohl eine Ahnung davon hatten, dass genau ich, das kleine Ulrikchen, in diesem Moment vor der Kopfbedeckung ihres geliebten, gefallenen Vaters stünde. Erfahren habe ich nichts davon und selbstverständlich auch nie ein solches Relikt entwendet.

Heute gibt es im Wald derlei grausige Zeugnisse nicht mehr. Ich erinnere mich an Berichte von gewissen- und pietätlosen Händlern und Sammlern, die nicht auf der Suche nach Pilzen, sondern auf der Jagd nach Kriegstrophäen in den Wäldern um Berlin ihr Unwesen trieben und die Totenruhe auch Jahrzehnte nach Ende des furchtbaren Krieges dort störten.

Ich jedenfalls sammelte Pilze! Große, kleine, gelbe, braune, Pfifferlinge, Maronen, Steinpilze, es gab oft reichlich davon.

Frau Wollkopf, die nette Hoteliersfrau, bereitete sie, das muss man sich heutzutage mal vorstellen, für uns mit Ei, Speck und köstlichen Bratkartoffeln zu, und wir ließen es uns schmecken. Köstlich!

Gudrun, unsere Frau Mamá und Gemahlin von Recke Karl-Heinz, mochte ausufernde Pilzsuchabenteuer nicht. Diese Mücken, diese Tannennadeln, die schwüle Luft und überhaupt, dafür konnte man sie nicht begeistern. Erst, wenn Carinhall als Ausflugsziel ins Spiel kam, zeigte sie Interesse. Das in Schutt und Asche liegende Refugium Hermann Görings, des alten Reichsmarschalls der Nationalsozialisten, übte noch eine gewisse Anziehungskraft auf sie aus. Den Eingang des einstigen Anwesens zierte noch immer ein Gedenkstein für Carin, Görings verstorbene Frau, alles recht mystisch und gottlob Geschichte!

Abende in den Wäldern der Schorfheide zu verbringen, war für uns Kinder sehr spannend. In der Dämmerung konnte man zahlreiche Tiere beobachten. Ab und zu ließ sich sogar eine Hirsch- oder Wildschweinfamilie auf dem Weg nieder. Dann hieß es, geduldig warten, bis das Leittier früher oder später, oft war es später, mit den Seinen weiterzog. Unser Wartburg, gesteuert von Recke Karl-Heinz, konnte sich dann wieder in Bewegung setzen und ein nahe gelegenes Lokal ansteuern, in dem wir Soljanka, Würzfleisch und Rostbrätl verzehrten. Recke Karl-Heinz speiste meist Tatar, also keinen nordischen Unterweltler, sondern kalorienarmes Rinderhack mit Eigelb und reichlich Zwiebel, und hernach traten wir zufrieden, satt und müde die Rückfahrt ins Wollkopf'sche Bettchen an und schliefen selig bis zum nächsten Morgen.

Unsere Urlaube dienten auch anderweitig der Erweiterung unseres Ost-Horizontes. Wir schwärmten als Familie bis in die Hauptstadt, also nach Ostberlin, aus. Im Sozialismus sprach man übrigens nicht von Ostberlin. Ostberlin hieß Berlin und Westberlin hieß Westberlin, Punkt! Können Sie, verehrte Leser, mir folgen?

Manchmal spazierten wir „Unter den Linden" umher und suchten ein Restaurant auf. Recke Karl-Heinz verabscheute all dieses. Blasierte Kellner hat er wohl nie verstanden, er brauchte auch keinen Platzanweiser, außer im Theater, und keine Kartoffelstäbchen, wie die Pommes frites im sozialistischen Sprachgebrauch hießen. Tatar und ein kühles Blondes, nämlich ein Bier, nicht seine Holde, waren für ihn völlig ausreichend.

Die Holde, also Mamá, mochte diesen Ost-West-Dialog in Berlin auch nicht. Da sie sich aber traditionsgemäß, uns im Schlepptau, mit ihrer guten alten Freundin verabredet hatte, die mit ihrer Hilfe noch kurz vor dem Mauerbau den Absprung nach Westberlin bewerkstelligte, und die sich Gudrünchen aus diesem Grund lebenslang verbunden fühlte, wagte sie das Manöver.

So wartete die unsrige Familie, geduldig Ausschau haltend, am Grenzübergang Checkpoint Charlie, der als Ort schmerzlicher Trennungen im Volksmund „Tränenpalast“ genannt wurde. Bis die „Tante“, also Gudruns Freundin, ins Bild schritt, wurden wir stets Zeuge von zahlreichen Übergriffen der Schnüffler und Handtaschenauseinandernehmer der Deutschen Demokratischen Grenzapparatur. Der Westberliner Besuch versorgte uns zwar mit reichlich Süßem, aber uns war der Appetit darauf dann meistens vergangen.

Auch andere Exkursionen standen während der Urlaube am Werbellinsee auf dem Programm. Nicht, dass die Erwachsenen, also Recke Karl-Heinz und das blonde Gudrünchen, unsere beiden Elterntiere, irgendein Bedürfnis dazu verspürt hätten! Aber auf Wunsch ihrer lieben Kinderchen, nämlich meines Bruders und meiner Wenigkeit, begaben sie sich alle Jahre wieder auf den Weg ins nahe gelegene Stettin, welches längst polnisch war und Szczecin hieß. Wir Kinder freuten uns riesig auf den Polenmarkt. Mamá hingegen schwelgte lediglich in Erinnerungen ans Stettiner Haff, in welchem ihr wunderschöner, arischer Onkel Walter einst für eine Werft als Schiffbauingenieur tätig gewesen war, bevor diese am Ende des 2. Weltkrieges durch zahlreiche Bombardements in Schutt und Asche gelegt wurde. Onkel Walter ereilte übrigens ein ähnliches Schicksal.

Recke Karl-Heinz wollte weder zum Polenmarkt noch alte Erinnerungen ausgraben. Er hätte lieber im Paddelboot sitzend den Werbellinsee, wo die DDR-Bonzen schon immer mit ihren Gästen die Freizeit im Jagdschloss Hubertusstock verbrachten, erkundet, am Bootssteg des DDR-Ministerpräsidenten Willi Stoph ein paar Fotos von dessen hochmodernem Tragflächenboot geschossen und im Biergarten des Campingplatzes „Zum süßen Winkel“ einen Gerstensaft zu sich genommen. Jedoch, er kutschierte uns nach Stettin. Ein später Vater erfüllte den Wunsch seiner Nachkommen!

Hatten wir erst die Grenze passiert, winkte uns das Glück buchstäblich schon von Weitem zu. Wir kauften Kaugummi, süße Brause ohne Kohlensäure und Bonbonketten, welche wir um den Hals tragen konnten. Die Fahrt hatte sich also für uns vollumfänglich gelohnt! Warum die Erwachsenen das nicht so sahen, verstand ich erst später.

Auch der schönste Urlaub am geliebten Werbellinsee ging irgendwann zu Ende, Jahr für Jahr und für uns Kinder mit brachialer Gewalt. Wir freuten uns nicht auf den nahenden Schulbeginn am 1. September. Bedeutete dieser doch, dass wir wieder im alten Fahrwasser zu leben hatten, nämlich getrennt in verschiedenen Orten und an verschiedenen Schulen. Mein Bruder wohnte mit den Eltern in Weißandt-Gölzau, wo Recke Karl-Heinz seit einigen Jahren die Leitung von Orbitaplast, eines großen Werkes, innehatte, und ich residierte bei Oma Trudel und Tante Hilla in Zeitz. Wir sahen uns also wieder nur an den Wochenenden, konnten fünf lange Tage keine gemeinsamen Streiche ersinnen und ausführen und uns auch sonst viel zu wenig austauschen. Es gab ja nicht mal Telefon. Das heißt, Recke Karl-Heinz hatte eins, aber dies wurde längst von der Stasi abgehört und wie, bitte schön, hätte mich mein Bruder damit erreichen können?

Oma Trudel war schließlich Witwe, die eines Arztes, also völlig unbedeutend, und seit dem Tod ihres Gatten nicht mehr in Besitz eines Fernsprechapparates.

Ja, diese vortrefflichen, im Jahre 1878 entwickelten Kommunikationsgeräte waren im realen Sozialismus nur wenigen zugänglich, Ärzten, Direktoren und natürlich Bonzen, Bonzen, Bonzen … Davon gab es so einige.

Oma Trudel indes schrieb, seit dem Tod ihres Ehemannes unter Telefonlosigkeit leidend, wunderbare Briefe, schwungvoll und inhaltsreich. Noch heute bewahre ich einige Exemplare auf und erfreue mich daran.

Jagdschloss Hubertusstock – Schorfheide Werbellinsee. Ein Ort, an dem Jagdbesessene wie der Bauherr König Friedrich Wilhelm IV., in Folge Reichspräsident von Hindenburg, Reichsmarschall Hermann Göring, die Stasi und später Erich Honecker mit seinen Getreuen Politik hinter verschlossenen Türen praktizierten.

Gudrun Linke am Gedenkstein Carin Fock-Göring

Eingang zum Imperium des Reichsmarschalls Hermann Göring, wo dieser unzählige Beutekunstschätze gehortet hatte

Görings Haus nach der Sprengung

Gudrun Linke am Werbellinsee

Telegramm **Deutsche Post**

39 CRIMMITSCHAU F 14 22 1225 =

FRAEULEIN GUDRUN SCHNEIDER

GUTENFELSTR 4 BERLINBLANKENBURG

Haupttelegraphenamt Berlin

BERLIN-PANKOW 22.6.52

SUESSE GUDRUN BAZILLEN EINGETROFFEN VIELEN DANK

= DEINE GUTE SISSY

+ 4 + 1238

Gudrun Linkes Aktivitäten vor dem Mauerbau

Karl-Heinz Linke 1960

Gudrun Linke 1960

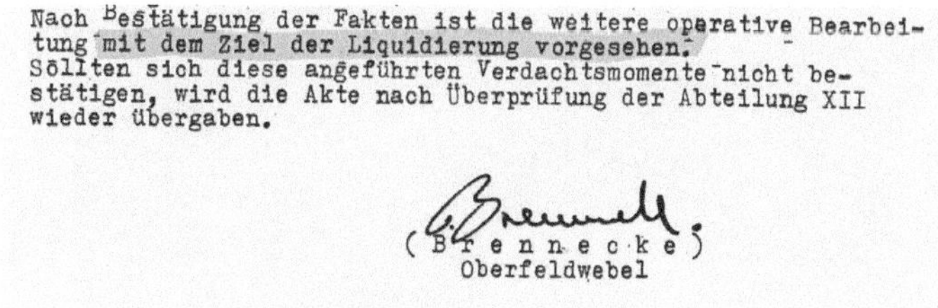

Nach Bestätigung der Fakten ist die weitere operative Bearbeitung mit dem Ziel der Liquidierung vorgesehen.
Söllten sich diese angeführten Verdachtsmomente nicht bestätigen, wird die Akte nach Überprüfung der Abteilung XII wieder übergaben.

(B r e n n e c k e)
Oberfeldwebel

Liquidierungsankündigung Karl-Heinz Linke vom 18.01.1961

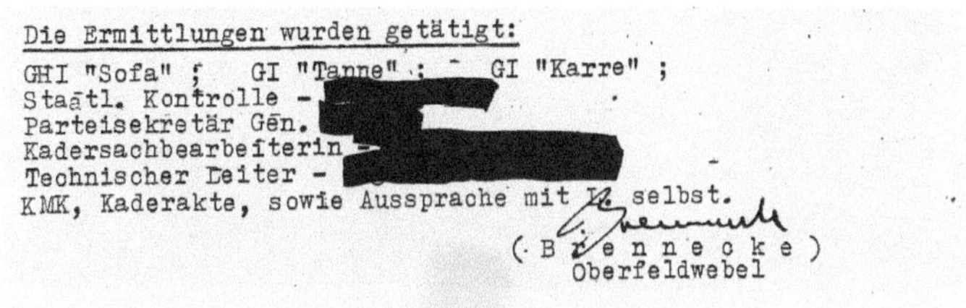

Die Ermittlungen wurden getätigt:
GHI "Sofa" ; GI "Tanne" ; GI "Karre" ;
Staatl. Kontrolle -
Parteisekretär Gen.
Kadersachbearbeiterin -
Technischer Leiter -
KMK, Kaderakte, sowie Aussprache mit L. selbst.

(B r e n n e c k e)
Oberfeldwebel

Beteiligte des Ermittlungsberichts vom 17.05.1961

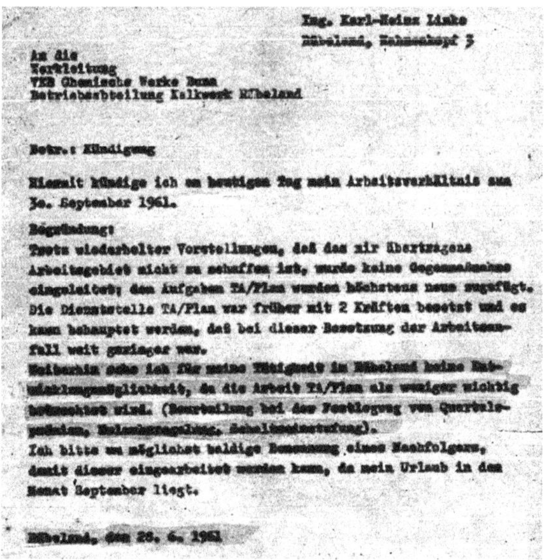

Ing. Karl-Heinz Linke
Rübeland, [illegible] 3

An die
Werkleitung
VEB Chemische Werke Buna
Betriebsabteilung Kalkwerk Rübeland

Betr.: Kündigung

Hiermit kündige ich am heutigen Tag mein Arbeitsverhältnis zum 30. September 1961.

Begründung:
Trotz wiederholter Vorstellungen, daß das mir übertragene Arbeitsgebiet nicht zu schaffen ist, wurde keine Gegenmaßnahme eingeleitet; den Aufgaben TA/Plan wurden höchstens neue zugefügt. Die Dienststelle TA/Plan war früher mit 2 Kräften besetzt und es kann behauptet werden, daß bei dieser Besetzung der Arbeitsanfall weit geringer war.
Weiterhin sehe ich für meine Tätigkeit in Rübeland keine Entwicklungsmöglichkeit, da die Arbeit TA/Plan als weniger wichtig betrachtet wird. (Beurteilung bei der Festlegung von Quartalsprämien, [illegible], [illegible]).
Ich bitte um möglichst baldige Benennung eines Nachfolgers, damit dieser eingearbeitet werden kann, da mein Urlaub in den Monat September liegt.

Rübeland, den 28. 6. 1961

Kündigung des Karl-Heinz Linke vom 28.06.1961

Ulrikchen, das Wunder der Natur

Ulrikchen mit Oma, Opa, Mamá und Bruder Jürgen

Ulrikchen mit Bruder Jürgen

Ulrikchen mit Papá und Bruder Jürgen

Ulrikchen bei Oma Trudel auf dem Dachgarten

Ulrikchen, ihrer Zeit weit voraus

Ulrikchen als Schulkind

Ulrikchen mit Bruder Jürgen – ein starkes Team

Der Ernst des Lebens und die Heiterkeit

Nun ja, jedenfalls begann an jedem 1. September der Schulunterricht für die ostdeutschen Kinder. Der Staat setzte auf Zucht und Ordnung! Aus welchem System er sich das wohl abgeschaut hatte? Pünktlich um 8 Uhr mussten alle, ob Grund- oder Oberschüler, zum „Fahnenappell" antreten. Sowohl Jung- als auch Thälmannpioniere salutierten, und dann begann das neue Schuljahr. Die Pionierorganisation erinnerte Oma Trudel an die der Pimpfe aus der Zeit ab 1933. Der, die, das Pimpf, ein irgendwie geschlechtsneutral definierter Begriff. Die heutige Regierung könnte ihn glatt übernehmen, finde ich. Die Gleichschaltung aller jungen Menschen hatte im Sozialismus auf jeden Fall oberste Priorität!

Auch ich wurde bei den Pimpfen, oder anders gesagt bei den Pionieren, angemeldet. Ich sollte ja schließlich studieren, und das setzte diese Mitgliedschaft voraus. Also wagten die Erwachsenen diesen lächerlichen Kompromiss und steckten mich, wenn der Anlass dies erforderte, in eine, wie Oma sagte, Kluft, nämlich in eine Bluse mit blauem, später rotem Halstuch. Was für ein absurder Versuch, genützt hat er übrigens gar nichts.

Die Genossen ließen sich nicht täuschen! Ich durfte später weder ein Abitur ablegen noch ein Studium aufnehmen, aber von all dem werde ich noch berichten.

Gleichwohl gehörte die Familie der evangelischen Kirche an. Nicht, dass irgendjemand von uns fromm gewesen wäre, aber der Herr Pfarrer, Gottesdienste zu Ostern und zu Weihnachten und auch der Beistand nach dem Ableben, ja, all das gehörte zu unserem Leben wie das buchstäbliche Amen in der Kirche.

So wurde ich natürlich auch beim Konfirmandenunterricht angemeldet. Damit beschritt ich spätestens jetzt den Pfad der Doppelgleisigkeit. Morgens „Rot-Front“ mit Pionierhalstuch und nachmittags „Hevenu Shalom Alechem“ mit dem Pastor. Das Leben im Pfarrhaus gefiel mir außerordentlich gut. Ich lernte Außenseiter der Gesellschaft kennen, pflegte Freundschaften zu Dissidenten und begeisterte mich für die von der Stasi unter Beobachtung stehende Friedensbewegung „Schwerter zu Pflugscharen“. Voller Überzeugung und mit ungelenken Nadelstichen, ich wollte Tante Hilla mit dieser Handarbeit nicht beauftragen, befestigte ich den Button „Schwerter zu Pflugscharen“ an meinem grünen Parka, auf den ich sehr stolz war. Ich hatte ihn von einer Westtante geschenkt bekommen.

In der Schule duldete keiner der Lehrer das friedliche Friedenssymbol.

Bald zierte ein hässliches Loch den Ärmel meines Parkas, denn der pausenaufsichtsbeauftragte Lehrer, sowas gab es tatsächlich, hatte mein biblisches „Micha 4-Symbol“ bösartig und lieblos mit einer Schere entfernt. Was für ein Rohling!

Für mich, nun schon in der Pubertät befindlich, ein Zeichen, ein kleiner Erfolg, vielleicht sogar ein Sieg! Ich trug „Schwerter zu Pflugscharen“ im Herzen und in der Jacke ein Loch, na und!?! Da hatte ich es dem Sozialismus aber gegeben!

Apropos, es dem Sozialismus gegeben zu haben ..., das geschah nun häufiger, denn ich befand mich inzwischen im vollsten Widerstand, im Widerstand zur Gesellschaft, zur Schule, bisweilen sogar zu mir selbst!

Ab und zu schmuggelte eine meiner Brieffreundinnen aus Westdeutschland, ich hatte sie alle aus der Bravo, gleichnamige Zeitschriften nach drüben, also zu mir. Dr. Sommer interessierte mich nicht wirklich, die großen Künstler schon eher. Die Poster des Heftes zierten meine einstigen Kinderzimmerwände, ich fühlte mich erwachsen und unbesiegbar, war ja auch mindestens schon fünfzehn Jahre alt, kirchlicherseits konfirmiert und staatlicherseits jugendgeweiht, was also konnte da noch passieren?

Trotz allumfassender Weihen spielte mir der Sozialismus bisweilen Streiche. Wollte ich mit einer Freundin per Anhalter nach Berlin fahren, wurden wir meist an der legendären Raststätte in Michendorf von den Herren der Stasi an der Weiterfahrt gehindert und nach Hause befördert. Unsere Daten wurden selbstverständlich erfasst, und Recke Karl-Heinz, also mein Vater, musste später auf irgendeinem wichtigen Präsidium erscheinen, wo man ihm vom Fehlverhalten seiner Tochter berichtete und ihm ans Herz legte, ihr, also mir, ernsthaft ins Gewissen zu reden.

Mein Vater verlor mir gegenüber diesbezüglich nie ein Wort. Erst lange Zeit nach seinem Tod erfuhr ich aus Stasi-Akten, dass er aufgrund meiner Reiselust öfters bei den einschlägigen Behörden vorstellig werden musste, jedoch machte er selbst bei den „Ledermäntelchen", also den Mitarbeitern der Staatssicherheit, keinen Bückling und tätigte Aussagen wie: „Meine Tochter ist fünfzehn Jahre alt und hat schon mehr erlebt als Sie in Ihrem gesamten Leben."

Freilich glaube ich nicht, dass er mein sogenanntes Lotterleben vollumfänglich respektierte, aber er behielt seine Skepsis für sich und ermöglichte mir somit weiterhin Abstecher in eine kleine persönliche Freiheit.

Eine große persönliche Freiheit war nicht in Sicht. An der Erweiterten Oberschule, die die angepassten Ostschüler zum Abitur brachte, gab es für mich, obwohl Klassenbeste, keinen Platz. An der normalen, einer Realschule entsprechenden, Polytechnischen Oberschule langweilte ich mich, verabscheute geradezu die mannigfaltigen Einsätze in Industriebetrieben, die zum Schulalltag gehörten und wahrscheinlich aus uns tüchtige Arbeiter machen sollten …

Es stand also zappenduster um mich und meine Zukunft!

Meinen Bruder Jürgen, der bekanntlich zweieinhalb Jahre älter war als ich und die Schule an einem anderen Ort besuchte, hatte längst ein ähnliches Schicksal ereilt. Obwohl er ein eher Stiller war, naturwissenschaftlich begabt und auch diesbezüglich interessiert, gab es auch für ihn weder Abitur noch Studienplatz. Es lag also nicht an meinen ausschweifenden Verfehlungen, dass aus mir nichts werden konnte!

Jürgen durchlebte das Gleiche, jedoch zwei Jahre vor meiner Zeit. Für ihn hatten die Genossen eine Ausbildung als Tischler parat. Wie böse, denn er war Allergiker und sollte jedweden Kontakt mit Holzstaub vermeiden! Nun ja, diese staatlichen Retourkutschen waren mit hoher Wahrscheinlichkeit dem Benehmen des Ritter Karl-Heinz, also unseres Vaters, geschuldet, und sie trafen ihn, unseren standhaften Eichenbaum, wahrhaftig bis ins Mark.

Der Eichenbaum

Ein Eichenbaum stand fest im Sturm,
er trotzte den Gezeiten.
Ob Hungersnot, ob Weltenbrand,
er ließ sich nicht beschneiden.

Sein Blätterwerk warf Schatten satt,
sein Holz bot Schutz und Hülle,
und Wanderer umringten ihn
bisweil‘ in großer Fülle.

Dann zog der Teufel ein ins Land,
mit ihm die Spießgesellen,
schon bald befahl der seiner Brut,
den Eichenbaum zu fällen.

Der stolze Kerl, er dacht' bei sich,
welch' törichte Gedanken,
ich bringe euch Unsterblichkeit
und weis' sie in die Schranken.

Wie täuschte sich der alte Baum,
er, der so stark und ehrlich.
'ne Ratte fing zu nagen an.
Von unten. Und gefährlich!

Bald taten's ihr die andern gleich,
Mephisto hat gewunken,
und als er seine Zähne zeigt',
hat's meilenweit gestunken.

Die Eiche stand für Sicherheit,
der Teufel stand im Schatten,
und Teufel, die im Schatten steh'n,
bedienen sich der Ratten.

Dem stolzen Baum blieb wenig Zeit,
es hat ihn hart getroffen.
Die Fabel endet ungewiss,
sein Ende, das bleibt offen!

An und für sich hatte er, der sturmerprobte Einzelkämpfer, sich im Laufe der Jahre ein dickes Fell zugelegt. Wie sonst hätte er all die mühsamen, ergebnislosen Kämpfe um sein Recht und um sein Hab und Gut führen und dabei trotzdem eine Frohnatur bleiben können? Die Steine, die man ihm in den Weg legte, wurden immer größer. Er schuf eindrucksvolle Gebilde daraus und schritt weiter, immer weiter. Sein Leitfaden, „Lernen muss man bis ans Lebensende, aber nicht von Leuten, die dümmer sind als man selbst", begleitete ihn dabei. Gemeint waren damit die nichts könnenden, allesbesserwissenden SED-Genossen des Werkes, nicht die Arbeiter, zu denen er ein respektvolles, oft herzliches Verhältnis unterhielt. Sein Innenleben indes blieb bisweilen ein gutgehütetes Geheimnis. Sein Äußeres, wie eh und je passabel und fröhlich, zeigte wenig Ermüdungserscheinungen, und einmal jährlich, im Sommer, konnte er all den Irrsinn hinter sich lassen und vier Wochen lang am Werbellinsee Kräfte tanken. Eigentlich eine schlechte Kalkulation, elf schlimme Monate und ein guter, umgekehrt wäre es besser gewesen. War es aber nicht.

An unseren Urlauben am Werbellinsee hatte sich einiges verändert, denn das Quartier der Familie war inzwischen ein anderes geworden. Den einzigartigen Gastronomen Herrn und Frau Wollkopf hatte das sozialistische Einheitseinerlei die Pension entwendet. Gewerkschaftsbonzen des Arbeiter-und-Bauern-Staates waren, als Wollkopfs „in die Jahre gekommen waren", rasch zur Stelle geeilt und machten ihnen ihr Kleinod abspenstig. Die beiden Wirtsleute aus Leidenschaft wurden in eine Neubauwohnung in die Stadt umgesiedelt und lebten dort bis an ihr baldiges gnädiges Ende.

Pension Wollkopf hieß nun FDGB-Heim, hatte Herz und Seele verloren und wurde, wie so vieles andere, ohne Verstand in den Ruin gewirtschaftet.

Unsere Familie fand indes ein Quartier direkt am See, nicht komfortabel, jedoch einmalig! Im alten, schilfgedeckten Bootshaus, in welchem auch Mamás Paddelboot seinen Winterschlaf halten durfte, verbrachten wir fortan zahlreiche Sommerwochen. Das Bootshaus verfügte über eine obere Etage, die Gäste beherbergen konnte, ohne Strom und ohne fließend Wasser, jedoch traumhaft schön, zwei Zimmer mit Blick über den gesamten Werbellinsee, Sonnenuntergänge wie von kitschigen Postkarten und Ruhe, Ruhe, Ruhe! Gleich morgens schwammen wir im kühlen Nass. Falls doch einmal zu dieser frühen Uhrzeit ein Mensch auf der Promenade unterwegs war, verkündete Recke Karl-Heinz fröhlich: „Das Bad ist besetzt".

Tagsüber genossen wir die unberührte Natur, und abends aßen wir die selbstgepflückten Pfifferlinge, auf einem improvisierten Metall-Abtreter-Grill zubereitet und vorzüglich mundend. Zur Nacht gab es, wie gesagt, den zauberhaftesten Sonnenuntergang der Welt aus erster Reihe zu bestaunen, und dann, ja dann plumpsten wir alle zufrieden in unsere Bettchen und träumten selig bis zum nächsten Tag.

Wir Kinder genossen im Bootshaus eine besondere Art der Erziehung. Die dumme Angewohnheit, Schokolade und andere Betthupferl unterm Kopfkissen zu horten, gewöhnten wir uns schnell ab. Unsere Mitbewohner waren nämlich zahlreiche flinke Mäuschen, die nur darauf warteten, dass wir in Morpheus Arme sinken würden und sie sich dann über unsere Köstlichkeiten hermachen könnten. Manchmal ließen sie uns nicht einmal ein Riegelchen der geliebten Vollmilch-Nuss-Schokolade übrig! Also lagerten wir fortan die Süßigkeiten da, wo es die Eltern empfohlen hatten, nämlich unter einer Art schützenden Haube und naschten nur noch tagsüber davon!

Leider hieß es wie jedes Jahr irgendwann vom Werbellinsee Abschied nehmen. Die vier Urlaubswochen endeten mit dem August, und besonders für den Recken Karl-Heinz begannen dann, wie bereits erwähnt, wieder die elf schlimmen Monate des Jahres. Sein ergebnisloser Kampf um sein Elternhaus währte nun beinahe 30 Jahre, wir Kinder waren im Laufe der Zeit groß geworden, Tante Hilla wurde immer kränker, und Oma Trudel zählte inzwischen so ungefähr achtzig Lenze.

Was sonst noch passierte

Erreicht hatte unser Recke Karl-Heinz rundum gar nichts. Die Genossen des Werkes, in dem er arbeitete, bildeten eine rote Front aus Holzköpfen gegen ihn! Mal wurde sein Gehalt drastisch gekürzt, mal musste er sich wegen haltloser Vorwürfe vor der Obrigkeit verantworten.

Seine West-Korrespondenz fing man zu Kontrollzwecken bereits an der deutsch-deutschen Grenze ab. An ihn und die Familie adressierte Paketsendungen „von drüben“ zerpflückten die Zöllner übereifrig! Beispielsweise waren in Schokoladentafeln deren Zahnabdrücke zu bestaunen. Harmlose Kinderliteratur, selbst „Heidi“ von Johanna Spyri wurde sicherheitshalber beschlagnahmt, und Kaffeetüten rissen die Schnüffler auf, bevor die Sendung der Familie Linke, den eigentlichen Empfängern, mit wochenlanger Verspätung zugestellt wurde. Da den mutwillig zerstörten Kaffeetüten somit das Pulver und Kaffeearoma entwichen war, hatte nun keiner mehr Verwendung fürs Westpaket, und das war ja der eigentliche Sinn und Zweck der personenbezogenen Zollkontrollen.

Oft hatten die Absender der liebevoll gepackten Pakete auch ein Stück Lux-Seife und eine Feinstrumpfhose, nicht für den Recken, sondern für seine Gemahlin beigefügt. Die Seife erreichte uns, wahrscheinlich durch grobes Darauf-Herum-Trampeln der beauftragten Zöllner, zermalmt, und die Seifenstückchen erwiesen sich für die Qualität des Perlonstrumpf-Kleides als gar nicht dienlich, sie zerstörten nämlich das feine Material. Wie gut, dass Recke Karl-Heinz Männerkleidung trug, somit trafen ihn diese Attacken nur bedingt, jedoch an einer empfindlichen Stelle.

Seine ständigen Bemühungen um die seit Kriegsende geraubte und anschließend fremdbestimmte Familien-Immobilie nahmen bisweilen tragisch-groteske Züge an. Ganz gleich, mit wem er sich anlegte, um sein Recht zu untermauern, die Dummen waren immer die Stärkeren! Selbst ein wirklich geistig Unterbelichteter, ein vom Rat der Stadt Zeitz eingesetzter Hausmeister, verwehrte unserem Recken Karl-Heinz den Zutritt zum einst prachtvollen Familienanwesen mit den Worten: „Du kleine lächerliche Witzfigur, was willst Du hier eigentlich!" Meine Tochter würde heute sagen: „Das muss man sich erst mal geben." Was so viel bedeutet wie: EINFACH UNVORSTELLBAR.

Die Sache mit dem Mehrgenerationenhaus hatte sich im Laufe der Jahrzehnte mehr und mehr zu einem Trauerspiel entwickelt. Erst die Besetzung durch die Amerikaner, dann durch die der Russen und zu guter Letzt und fortwährend durch den Diebstahl ostdeutscher Behördenwillkür und die ohne Einverständnis der Eigentümer und mit umfangreichen Umbaumaßnahmen verbundene Umfunktionierung der Villa in eine staatliche Musikschule. Dies hat keiner unserer Familie so wirklich verstanden, geschweige denn verkraftet.

Das Anwesen galt als zwangsvermietet, die Mieter genossen „selbsternannte" Privilegien, die die Vermieter, in diesem Falle ausschließlich Recke Karl-Heinz, zu akzeptieren hatten, denn er musste die Zeche zahlen, und wenn nicht, wurde einfach sein Gehalt gepfändet! Baumaßnahmen ordnete die zuständige Behörde auf Kosten des Herrn Linke, also des Recken Karl-Heinz, an. Das georderte Material wurde aber für den Bau zahlreicher „Datschen" der regionalen, mit den Machenschaften verwobenen Staatsdiener verwendet und die Villa somit dem Verfall preisgegeben. Das schöne Anwesen wurde zunehmend durch tausende Kinder, denen dort musische Bildung zuteilwurde und denen die Umstände egal sein konnten, unaufhaltsam der Abnutzung preisgegeben. Recke Karl-Heinz musste den pekuniären Schaden, der ihm und der Familie zugefügt wurde, erdulden. Die staatlichen Mieter, die der Familie nicht einmal eine angemessene Miete zahlten, hatten ihrem reizenden Hausmeister sogar gestattet, im Dachgeschoss Tauben zu züchten.

An lauen Sommerabenden fanden im großen, einst herrschaftlich angelegten Garten fröhliche Feste statt. Die Hausbesetzer trafen sich dann zu lauschigen Gelagen im fremden Eigentum, grillten Würstchen, betranken sich nach Art der Besatzer und fühlten sich pudelwohl in der neuen Welt, in der für das ehemalige Bürgertum schon seit Ewigkeiten kein Platz mehr war.

Recke Karl-Heinz kämpfte, trotz Fulltime-Job, trotz fortwährender Repressalien im Betrieb, trotz gesundheitlicher Wehwehchen und trotz seiner Kinder, denen die Zukunft genommen war, bevor sie beginnen konnte, ritterlich. Vielleicht kämpfte er auch deswegen, einfach nur deswegen. Er kämpfte vor Ort, er kämpfte gegen Behörden, er kämpfte bei Gericht, er kämpfte mit aller Kraft, leider erfolglos, immer und immer wieder erfolglos.

So lief das Spiel des Sozialismus, der einfältigen Gleichmachergesellschaft voller Größenwahn, im Gleichschritt Marsch, da hatte keiner auszuscheren!

Ich, das Ulrikchen, pflegte inzwischen ein jugendliches Revoluzzer-Leben. Wurde die Teilnahme an einer sogenannten Arbeitsgemeinschaft von der regimetreuen Lehrerschaft zur Pflicht gemacht, gründete ich diese selbst. Meine hieß „Zum roten Ochsen“, ihr Standort war unser Dachboden hoch über der Stadt und Omas Super-Wohnung gelegen, und die Mitglieder waren meine Freundinnen. Unsere Klassenlehrerin, die uns Schüler von Herzen mochte und die es mit der Staatstreue nicht so genau nahm, gab sich damit zufrieden.

Da ich nun bereits so etwa sechzehn Jahre alt gewesen sein musste und die zum Abitur führende „Erweiterte Oberschule“

nur von außen betrachten durfte, wurde es Zeit, Berufspläne zu schmieden. Was für ein Manöver! Ich interessierte mich ausschließlich für Literatur, was sollte also aus mir werden? So gut es ging ignorierte ich meine aussichtslose Lage, fuhr per Anhalter durchs Land, entdeckte meine Liebe zur Ostsee und wurde dort, während ich nachts im Strandkorb schlummerte, regelmäßig unsanft von den Häschern der Grenztruppe geweckt und aus meinem Paradies vertrieben, freilich nicht ohne meine Personalien und den Inhalt meines Reiserucksackes kontrollieren lassen zu müssen.

Sechzehn Jahre alt zu sein, bedeutete, mich nun wirklich ernsthaft mit dem Gedanken an eine anstehende Berufswahl zu beschäftigen, das war schließlich Pflicht bei uns „drüben". Nur wohin sollte mich dieser Weg führen? Sicher hätte ich Chancen als Fabrikarbeiterin, Verkäuferin oder Klofrau gehabt, aber keine dieser Perspektiven ließ mich jauchzen und frohlocken, denn ich fühlte mich zu keinem dieser Angebote berufen.

Da kam Dr. S. ins Spiel. Er, der Chefarzt der Zeitzer Kinderklinik, entstammte wie ich dem alten Bürgertum, nicht mit der „sozialistischen Intelligenz" zu verwechseln, und pflegte einen freundschaftlichen Kontakt zu Oma Trudel. Ihm ist es zu verdanken, dass ich nun einer Ausbildung zur Kinderkrankenschwester entgegensah, was mich, ehrlich gesagt, irritierte und abschreckte, meine Zukunft als Haubenlerche, unfassbar und gruselig zugleich! Oma Trudel nahm dies nicht so schwer. Sie interpretierte meinen zukünftigen Werdegang ohnehin nur als ein Sprungbrett in die Ehe mit einem Arzt. Gudrünchen flötete, „Kinderschwester ist doch ein niedlicher Beruf", und Recke Karl-Heinz brach diesmal, wirklich nur diesmal, in Tränen aus, denn jetzt machte die Heimsuchung auch vor seiner Jüngsten nicht halt. Die Bestrafung seiner Person wurde also inzwischen aufs nahe Familienumfeld ausgeweitet. Sohn Jürgen als Holzzersäger und Tochter Ulrike als Nachttopfausleererin, konnte es noch schlimmer kommen? Ja, es konnte, aber davon werde ich später berichten.

Meine Oma Trudel befand sich mittlerweile im fünfundachtzigsten Lebensjahr. Noch immer war sie tatkräftig und agil, trotz eines operierten Schenkelhalsbruches, welcher ihr regelmäßig enorme Schmerzen bereitete, die sich nur durch die Einnahme großer Mengen Copyrkal, ein in der DDR gängiges Schmerzmittel, einer Mischung aus Paracetamol und Koffein, lindern ließen. Als zukünftige Kinderkrankenschwester hätte ich ihr natürlich auch andere Stimulanzien empfehlen, vielleicht sogar besorgen können. Faustan oder Radedorm wurden gerne verschrieben. In Verbindung mit Alkohol gingen die Konsumenten, zu denen ich, Gott sei Dank, nie gehörte, buchstäblich durch die Decke.

Opiathaltige Hustensäfte wirkten euphorisierend und galten als Renner unter all denen, die versuchten, das Arbeiter-und-Bauern-Paradies spirituell zu verschönen. Auch da schloss sich der Kreis, denn schon Oma Trudel berichtete von Soldaten, besonders des fliegenden Personals im 2. Weltkrieg, die sich mittels Einnahme von Pervitin, heutzutage bekannt als Speed, aufputschten und wachhielten. Der Ossi brauchte dazu keinen Krieg, der Alltag an sich war bitterer Kampf.

Oma Trudel indes pflegte Kontakte, Kontakte aus der guten alten Zeit, Kontakte zu all jenen, denen es ähnlich erging wie ihr selbst und die ihr Schicksal ebenso mit Würde trugen wie sie.

Onkel Hermann zum Beispiel mit seiner Gemahlin, der wundervollen Tante Leni, die nie unfrisiert aus dem Hause ging, was ohnehin selten geschah, denn im Sozialismus hatte sie längst die Orientierung verloren. Gern machten diese beiden ihre Aufwartung bei ihrer treuen Freundin Trudel. Das einstige, angesehene Fabrikantenehepaar war durch die Umstände ganz unten angekommen, musste die Wohnung mit jungen Kommunisten teilen und bezog eine lächerlich winzige Rente. Gottlob hatten ihre Angehörigen, die einstigen Besitzer der Zeitzer Kinderwagenfabrik Näther, rechtzeitig die Flucht gen Westen antreten können und unterstützten sie großzügig bis zum Lebensende. Für das Intellektuelle war Oma Trudel zuständig, und das war gut so.

Noch unzählig mehr alte Herrschaften säumten damals meinen Weg. Sie alle saßen auf Oma Trudels Chaiselongue, tranken Kaffee und Eierlikör, welchen Oma aus „Hochprozentigem" selbst herstellte und der eine berauschende Wirkung besaß. Es gab Gebäck und gute Gespräche, manchmal sogar Schnittchen, aber die erst gegen Abend, denn die meisten von Omas Gästen blieben nur zur Kaffeevisite. Der Heimweg galt als beschwerlich und die Gebeine der Gäste als gebrechlich.

Tante Schaffner, die Mann und Sohn im Krieg verloren hatte, Fräulein Schlette, die einst eine gute Partie gewesen war, jedoch durch den Kriegswahnsinn alleine blieb, Fräulein Arnold, die Tochter eines einstigen Bürgermeisters der Stadt Zeitz, die mittlerweile auf die neunzig zuging und noch genauso kerzengerade umherschritt wie vor einem halben Jahrhundert, Frau Gisi, die aus einer großen Fleischerei stammte und so oft verheiratet war, dass ich es gar nicht mehr zählen konnte und unsere liebe Tante Fanny, die Nachbarin, die sich einst der Liebe wegen aus Bayern in die Ostzone verirrte und nicht mehr aus ihr herausfand.

Was für ein Leben

Nun zu meiner Wenigkeit. Die Schulzeit neigte sich dem Ende entgegen, die zappendustere Zukunft schob ich beiseite wie ein unbequemes Korsett, in das ich beim besten Willen nicht hineinpasste. Die Abschlussprüfungen bestand ich mit „sehr gut“, das zukünftige Leben als Schwesternschülerin erfüllte mich mit Grauen. Zum Glück gab es noch einen letzten Sommer ohne Desinfektionsmittelgestank und Schwesternschülerinnenhäubchen für mich. Und glücklicherweise gab es auch Freundinnen, denen es ähnlich erging, wie zum Beispiel meiner kunstbegabten Freundin Tina, die, anstatt in Halle auf der Burg Giebichenstein unterrichtet zu werden, eine Ausbildungsstelle als Pflegekraft in einem Altersheim antreten musste. Den Platz auf der Burg, einer wirklich brauchbaren Hochschule in Sachsen-Anhalt, hatte unsere Lehrerin im Fach „Zeichnen“ für ihre schlichte, unbegabte Tochter ergattert. Somit ereilte Tina nun ein ähnliches Schicksal wie mich, Aufopferung statt Karriere!

Aber noch lag dieser letzte Sommer in Freiheit vor uns. Wir fuhren gemeinsam mit anderen Klassenkameradinnen zum Zelten. Auch diesmal war der schöne Werbellinsee der Ort unserer Wahl. Wir verbrachten wunderbare beschwipste Wochen in der idyllischen Schorfheide, waren so ausgelassen wie einst in Kindertagen und dachten nur selten, und wenn doch, dann ungern, an den Ernst des Lebens, der uns bereits zu Hause erwartete. Aber wie das mit dem ungeliebten Ernst so ist, er kam, und wie er kam, mit voller Wucht! Die Ausbildung begann, genau wie die Schule in der DDR, am 1. September eines jeden Jahres. Das glaube ich jedenfalls. Gruseliges verliert mit den Jahren bekanntlich seinen Schrecken, also kann ich dies heute nicht mehr beschwören.

Nun war ich Kinderkrankenschwesternschülerin, arbeitete im Zeitzer Kreiskrankenhaus und wurde in Weißenfels, einer von Zeitz 21 Kilometer entfernten Ortschaft in der Kunst der Kinderkrankenpflege unterrichtet. Wir, wie es heute heißt, Azubis, damals sprach man in lächerlicher Anmaßung von Fachschulstudenten, fuhren täglich zu diesem Zwecke mit der Deutschen Reichsbahn, sie nannte sich doch selbst im roten Ostdeutschland so wie einst im, na, Sie wissen schon …

Morgens um 4 Uhr starteten wir zum Manöver Ausbildung. Die Züge waren dreckig und die Fahrgäste müde. 98 Prozent dieser Fahrgäste strebten die nahegelegenen Kohlefabriken an, in denen sie ihre mühsame Tätigkeit verrichteten, und die restlichen zwei Prozent waren wir Schwesternschülerinnen aus Zeitz und Umgebung.

Die Zugfahrt dauerte zirka drei Stunden, denn es galt, eine Strecke von 21 Kilometern auf ausgefahrenen Gleisen der Deutschen Reichsbahn zu bewältigen. Somit ging den Reisenden bisweilen jegliches Zeitgefühl verloren. Am Zielort Weißenfels angekommen, fühlten wir uns wie nach einer langen Prüfung oder nach einer missglückten Weltreise, total erschöpft.

Von nun an war ich also Teil des Arbeiter-und-Bauern-Staates, auf dem Wege in die Berufstätigkeit und mit klaren Vorgaben. Damals gab es kein Ausprobieren, kein Neuland zu entdecken oder gar die missglückte Berufswahl korrigieren zu können. Einmal Krankenschwester, immer Krankenschwester! Wenn's nicht passte, hatte man Pech gehabt, basta. Bei mir ging es weniger darum, ob es mir passte. Der Beruf an sich passte einfach nicht zu mir. Ich konnte, wie man so schön sagt, kein Blut sehen, ekelte mich vor Erbrochenem und Exkrementen, der Geruch von Schweißfüßen verursachte bei mir Würgereiz, das morgendliche Zubereiten von Grießbrei ebenso. Die Palette ließe sich endlos fortsetzen. Erwähnenswert wäre vielleicht noch der Transport von Verblichenen in die Pathologie. Jedes Mal befürchtete ich, der nächste Kandidat mit einem Zettel am großen Zeh zu sein!

Aber wie einst schon ein großer Dichter formulierte, „Lobet die Schauspieler und suchet die Besten nicht im Theater", beherrschte ich meine Rolle auch hier bald vortrefflich, unterdrückte es, zu schwächeln und fand sogar in der Umgebung von sterilen Korridoren und Fesiaform-Desinfektionsgerüchen wertvolle Wegbegleiter und Freunde.

Die Ausbildung an sich empfand ich als hanebüchen, und selbst eine Putzfrau sagte mir eines Tages: „Du passt einfach nicht ins Kollektiv." Wie recht sie doch hatte!

Bislang war mir all dies, was sich damals zwischen Krankensälen und Stationsschwesternzimmern abspielte, nie begegnet. Das alltägliche Kokettieren zwischen erfahrenen Haubenlerchen und den Göttern in Weiß, das Kaffeekochen für den Chefarzt, die Anzüglichkeiten bei Visiten, die Hierarchie am Krankenbett … Erst kam der Chefarzt, dann der Oberarzt, dann der Stationsarzt und dann der Assistenzarzt. Ihnen folgten die Oberschwester, dann die Stationsschwester und schließlich die Schwesternschülerin, die übrigens an ihren unterschiedlichen, stets tadellos sitzenden, gestärkten, mit Bügeleisen in Form gebrachten und mit Klemmen am Kopf befestigten Hauben zu erkennen waren. Für mich war das lächerlich, einfach alles nur lächerlich!

Meine Mamá, die blonde holde Gudrun, erzählte gerne von ihrem Alltag in der Charité. Wenn der legendäre Professor Sauerbruch im Anmarsch war und der Regen auf das Pflaster dieser historischen Krankenanstalt prasselte oder nur nieselte, auch dies genügte bereits, hupte sein Chauffeur zwei Mal, und flugs eilte eine Krankenschwester mit einem Regenschirm hinaus, um den einzigartigen Herrn Professor trockenen Leibes in seine heiligen Hallen zu geleiten. Meine Mutter konnte sich bis zu ihrem Lebensende darüber amüsieren. Für sie als Arzttochter wäre so etwas nie in Frage gekommen!

Die Zeit als unfreiwillige Florence-Nightingale-Nachfolgerin hatte allerdings auch eine gute Seite. Ich traf meine Freundin und Weggefährtin Angela. Auch sie erlernte, entgegen ihren Neigungen, mit mir den Beruf der Kinderkrankenschwester. Sie war katholisch und demzufolge ebenfalls ein suspektes Objekt der sozialistischen Gesellschaft. Wir mochten uns vom ersten Tage an. Heute würde man sagen, „die Chemie stimmte“ und dies traf vollumfänglich zu. Wir waren „ganz dicke miteinander“, verbrachten so viel Freizeit wie möglich, also fast alle, zusammen, hatten die Reiselust für uns entdeckt und trampten fortan gemeinsam, wann immer es ging, durchs Land. Uns zog es nach Berlin, nach Schwerin, auf die Insel Hiddensee …, die Reiseziele wurden spontan festgelegt, sobald ein Brummi-Fahrer uns mitnahm. Hauptsache weg vom Kleinstadtmief hieß unsere Devise.

Unterwegs lernten wir gleichgesinnte Leute kennen, sozusagen den Widerstand der Gesellschaft, und fühlten uns angekommen in einer „kleinen freien Welt“.

Ein Trugschluss, wie ich heute weiß!

Mein Bruder indes war nun ausgebildeter Möbeltischler. Mit der Zeit entdeckte er seine Liebe zu verrotteten Antiquitäten und restaurierte diese aufwändig und hingebungsvoll. Er verfügte über eine ausgesprochene Begabung und hatte sich eine kleine Hobbywerkstatt eingerichtet, um alten Schätzen zu neuem Glanz zu verhelfen. Wahrscheinlich wäre aus ihm eines Tages einmal ein richtig guter Restaurator geworden. Soweit sollte es jedoch nicht kommen, aber davon werde ich später berichten.

Ritter Karl-Heinz indes kämpfte weiter. Er hatte seinen Traum vom Mehrgenerationenhaus nie aufgegeben und wurde somit zum Alptraum für die Obrigkeit, denn mit Beschwerdeschreiben erwiderte er sämtliche Schikanen. Selbst der Vorsitzende des Ministerrates und spätere Präsident der Volkskammer der DDR, Horst Sindermann, erhielt Post von ihm. Ritter Karl-Heinz erreichte damit so viel wie ich Jahrzehnte später in der Bundesrepublik: NICHTS, einfach NICHTS.

Mein Vater hatte inzwischen das offizielle Rentenalter erreicht und dachte noch lange nicht ans Aufhören. Die täglichen Herausforderungen im Berufsleben und die Kämpfe um sein Elternhaus hatten ihn so geprägt, dass er rund um die Uhr nach einer Möglichkeit suchte, sein Elternhaus oder wenigstens den dazugehörigen parkähnlichen Garten für die Seinen und sich zum Ausspannen nutzen zu können. Das Jahr bestand schließlich aus zwölf Monaten, die Kräfte ließen nach und die Wochen am Werbellinsee zum Auftanken reichten nicht aus, um allen Widrigkeiten zu trotzen. Oma Trudel ging auf die Neunzig zu und Tante Hilla hatte die Fünfundsiebzig erreicht, viel Zeit blieb also nicht mehr fürs gemeinsame Projekt.

Sohn Jürgen wartete mit Bangen auf die Einberufung zum gefürchteten Militärdienst. Dieser blieb „drüben“ keinem jungen Mann erspart. Nur ganz verwegene Pazifisten ließen sich stattdessen bei der sogenannten Spatentruppe im Wehrersatzdienst schikanieren, aber zu denen gehörte mein Bruder nicht.

Ich befand mich indes in irgendeinem Jahr meiner dreijährigen Ausbildung und hatte diesbezüglich jegliches Zeitgefühl verloren. Ich hoffte auf ein Wunder, aber darauf hoffe ich noch heute, wenn auch nicht mehr so intensiv.

Oma Trudel brauchte nun oft meine Unterstützung, während Recke Karl-Heinz eifrig auf verlorenem Posten kämpfte. Gudrünchen war die ganze politische Misere zu viel geworden. Sie beschäftigte sich mit Literatur und hörte Opern auf dem alten Schallplattenspieler. Morgens war sie auf ihrem wirklich genialen schwarzen Wanderer-Fahrrad unterwegs, das sie noch aus ihrer Berliner Zeit hatte. Sie tätigte ihre Einkäufe und erfreute sich an schlachtfrischer Wurst und frischem Gemüse.

Sie lebte ja mit Recke Karl-Heinz auf dem Lande. Mein Bruder Jürgen hatte inzwischen den verhassten Militärdienst antreten müssen, und ich trat auf der Stelle.

Am Wochenende spielten wir wie eh und je „Friede, Freude, Eierkuchen" in Zeitz. Das ganze Familienleben hatte inzwischen tragischskurrile Formen angenommen, und alle waren wir froh, als die Eltern am 29. August 1983 wie jedes Jahr wieder nach Altenhof aufbrachen, um sich zu erholen. Oma Trudel hatte gerade einen neuen Genex-Wartburg spendiert, mein Vater konnte ihn pünktlich in Ost-Berlin abholen, und meine Mutter musste keine Post-Mietbehälter auf die Reise vor ihrer Reise schicken, denn sie reisten ja nur noch zu zweit als altes Ehepaar ohne Anhang.

Der Schrecken hat keinen Namen

Der 29. August 1983 muss sich in etwa so zugetragen haben: Die Fahrt mit dem neuen Wagen verlief gut, die beiden kamen heiter gestimmt am Werbellinsee an, meine Mutter verstaute das Gepäck im geliebten Bootshaus, mein Vater widmete sich der Organisation von kulinarischen Leckerbissen, soweit das zu jener Zeit möglich war, und mittags ging er schwimmen. Dies war dann wohl sein Ende.

Für Paulchen

Im See, wo Aal und Hecht und Wels
sich tummeln, starb einst unser Fels.
Dies war für ihn, der ritterlich
am Leben hing, sehr bitterlich.

Wir alle steh'n seit damals stumm
und trostlos um sein Grab herum.
Ein Rätsel bleibt sie, die Geschicht',
was ihm geschah, wir wissen's nicht.

Mir wurde später, sehr viel später, berichtet, er wäre ertrunken, Taucher hätten seinen Leichnam geborgen und eine Krankenschwester, die ihn kannte, hätte ihn identifiziert.

Er wäre abtransportiert worden, und die Kripo würde ermitteln …

Wir alle haben ihn, unseren Recken Karl-Heinz, nie wieder gesehen, auch meine Mutter nicht. Seit damals wird viel spekuliert. Lagen seine sterblichen Überreste überhaupt im Sarg, der nicht geöffnet werden durfte? Warum fand die angebliche Identifizierung durch eine Fremde und nicht durch die vor Ort weilende Ehefrau statt? Warum wurde ich als volljährige Angehörige nicht benachrichtigt? Was ist damals passiert?

Hat man die einst vom Stasi-Oberfeldwebel Brennecke angeordnete Liquidierung nun doch noch in die Tat umgesetzt?

Haben die Schergen des vom Jagdfieber besessenen Erich Honecker eifrig überreagiert und sicherheitshalber das Schießgewehr gezückt?

Honecker, der, als er Staatsratsvorsitzender der DDR wurde, für sich und seine Vertrauten kurzerhand mehr als zwanzigtausend Hektar der Schorfheide unter Militärverwaltung stellen ließ, um so auf abgeriegeltem Gebiet ungestört und zu jeder Zeit, unter anderem auch ständig hohen West-Besuch, wie beispielsweise Franz Josef Strauß oder den Krupp-Generalbevollmächtigten, empfangen zu können, war während seiner gesamten Amtszeit unberechenbar!

Ein Haiangriff kam nicht in Betracht. Auf der Sterbeurkunde des Karl-Heinz Linke wurde nach einer angeblichen Obduktion lediglich ein „um soundso viel Uhr in Altenhof, Kreis Eberswalde, tot geborgen“ vermerkt.

Wir Hinterbliebenen kamen jedenfalls damit nicht klar. Selbst das Abschiednehmen wurde uns verwehrt. Vor uns lag nun eine schlimme Zeit, eine Zeit der tiefen Trauer, der Ungewissheit und des Zerrissenseins.

Ein Journalist, der Jahrzehnte später den Fall für eine Fernsehsendung des Öffentlich-Rechtlichen aufarbeiten wollte, teilte mir kurzfristig mit, dass die Sendung abgesetzt worden wäre. Aber von all dem werde ich vielleicht noch berichten.

Seit jenem Tag im August 1983 nahm unser aller Schicksal gewaltig an Fahrt auf. Wir lebten wie in Trance, fanden keine Möglichkeit, das Geschehene verarbeiten zu können, geschweige denn es zu verstehen. Mein Bruder wurde kurzfristig vom Militärdienst beurlaubt. Und ich wurde krankgeschrieben, da ich für die Hege und Pflege kleiner Kinder, ich arbeitete gerade auf der Säuglingsstation, vorübergehend ungeeignet war. Ich befand mich gewiss in einem schockähnlichen Zustand. Da gab es keinen, der wohlwollend einen Psychologen parat hatte, der von Traumata-Bewältigung und deren Aufarbeitung sprach oder einem gar einen medizinischen Spezialisten zu Seite gestellt hätte. Im Jahre 1983 in der DDR zu leben, hieß für uns: Da musste man durch, egal wie!

Noch bevor der rätselhafte Sarg mit den angeblichen Überresten unseres Vaters unter der Erde war, bestellte die Direktorin der staatlichen Musikschule, die sich aus sozialistischem Gewohnheitsrecht noch immer als Mieterin des zwangsbesetzten Familienanwesens bezeichnete, uns Geschwister zu sich. Mit aufgeblähten Nüstern begehrte sie forsch und mit Nachdruck den Besitz des nunmehr von uns geerbten Objektes. Noch heute erinnere ich mich an ihr stupides Gefasel, an die Gier in ihrem Blick und ihre Despektierlichkeit uns gegenüber. Sie, die offenbar mit dem D-Zug durch jedwede Kinderstube gefahren sein musste, führte sich auf wie eine Eroberin, sah sich bereits als Herrin der Villa, wollte uns einschüchtern und sogar einen Spottpreis dafür bezahlen!

In diesem Falle muss man es wohl als Glücksumstand werten, dass wir zwei Querulantenkinder in unserem jungen Leben bereits übermäßig viel Gegenwind zu spüren bekamen. Die Person interessierte uns nicht, sie widerte uns regelrecht an.
Nun zeigte sie es uns aber! Die Rechnungen für Dinge, die sie schamlos in Auftrag gab, flatterten unaufhörlich ins Haus, und der Umgangston uns gegenüber lässt sich heute gar nicht mehr nachempfinden. Wenn man bedenkt, welchen Stellenwert die eigene Immobilie in der Bundesrepublik besitzt und wie leicht es mitunter ist, treue Mieter mittels trickreicher Eigenbedarfs-

kündigungen aus dem Hause zu jagen, dann kann ich darüber nur den Kopf schütteln.

Aber damals war ALLES möglich, und das Absurdeste daran ist, dass diese Machenschaften selbst von höchster Ebene auch heute noch als rechtens eingestuft werden.

„Die Zeit heilt alle Wunden“, dieser Spruch traf auf keinen von uns zu. Vielleicht litten wir aber auch an einer familiären Wundheilungsstörung, wer weiß. Auf jeden Fall war ein jeder auf seine Art handlungsunfähig. Meine alte Oma Trudel versuchte, ihr Kind zu trösten, Tante Hilla litt, wie sie es schon immer tat, ohne Wehklagen, und wir zwei Geschwister wussten nun gar nicht mehr, wie es für uns alle weitergehen sollte.

Die Wohnung meiner Eltern war an die Berufstätigkeit meines Vaters gebunden. Das hieß, meine Mutter musste ausziehen. Auch das noch! Auch der Spruch „nun kann es nicht mehr schlimmer kommen“, fand für unsere Situation keine Anwendung.

Ein übler Kampf um Rentenansprüche entbrannte. Recke Karl-Heinz sollte wohl selbst posthum noch bestraft werden. Falls er vom Himmel hinabschauen konnte, ist dies gelungen. All seine Renten wurden gestrichen beziehungsweise seiner Witwe vorenthalten. Wäre da nicht Oma Trudel gewesen, hätte sie mittellos dagestanden. Ihr Karl-Heinz hatte zu Lebzeiten umfangreiche Absicherungen für seine Familie in die Wege geleitet und nun war alles perdu, unglaublich. Sein Gudrünchen wurde mit einer almosenartigen Rente abgespeist. Um die eigentlich, ihr zustehende, kämpfen wir noch heute, fast vierzig Jahre nach dem Tod von Recke Karl-Heinz.

Wie so oft wurde von jetzt an Oma Trudel unser Rettungsboot. Sie hatte nach wie vor verbotenerweise D-Mark auf einer westdeutschen Bank deponiert, tauschte diese bei Bedarf, und der bestand nun regelmäßig, in Ost-Mark ein und ermöglichte uns allen hiermit ein wenigstens finanziell stabiles Weiterleben.

In wessen Taschen die pekuniären Hinterlassenschaften meines Vaters, und das war eine wirklich stattliche Summe, geflossen sind, bleibt bis heute ein Rätsel. In unsere jedenfalls nicht!

Er, der Recke, der überdurchschnittlich gut verdient hatte und wenig verbrauchte, für sich das wenigste, der mit vielen Absicherungen für den Fall der Fälle, den er seit langem befürchtet hatte, seine Familie einmal versorgt wissen wollte, ließ seine Liebsten mittellos zurück. Welch fürchterliche Rache der Mächtigen an unserem unerschrockenen Kämpfer.

Nun ja, Oma Trudel half uns aus Leibeskräften! Sie verfügte ja selbst nur über eine lächerliche Mindestrente. Als Witwe eines Amtsarztes hätte sie einige Kilometer weiter westlich ein akzeptables Auskommen gehabt, und der Erlös aus der verkauften Pfälzer Apotheke hätte für die Familie eine andere, sinnvollere Verwendung finden können als die der Lückenfüllerei zum Lebenserhalt. Aber immerhin: „Der Zweck heiligte die Mittel." Meine Mutter konnte sich zumindest alsbald an einem bescheidenen Gartenhaus mit unverbautem Weitblick und Hollywoodschaukel erfreuen, in welcher ihre Seele gesunden konnte, ein bisschen jedenfalls.

Der ehemalige Besitzer der Laube war ein Arztkollege meines verstorbenen Großvaters Richard, ein überaus arbeitsvermeidender Akademiker, wie Oma Trudel oft erwähnte. Nun konnte er selbst durch Altersschwäche das schöne Grundstück nicht mehr nutzen und verscherbelte es zum Preis einer Luxusimmobilie an uns. Das Land gehörte leider nicht dazu, das Objekt an sich hatte jedoch einen hohen Freizeitwert, das muss fairerweise erwähnt werden.

Beton-Eigentum in anderer Form zu erwerben, wäre unserer Familie, selbst als Barzahler, nicht gestattet worden, also blieb uns nur die Gartenlaube zum Luxuspreis. Der Freizeitimmobilienverkäufer und ehemalige Arztkollege von Opa Richard lag zu diesem Zeitpunkt mit diversen Wehwehchen in jenem

Krankenhaus, in welchem ich mich in der Ausbildung befand. Ständig befahl er mein Kommen an sein Krankenbett, um Einzelheiten zur Objektabwicklung mit mir zu besprechen. Was für ein Ansinnen! Die gesamte Schwesternschaft lachte hinter vorgehaltener Hand über mich und meine altertümlichen Kontakte, aber darauf kam es mir auch nicht mehr an. Ich hatte ja meine Freundin Angela, mit der ich den Großteil meiner Freizeit verbrachte, Freundin Tina, mit der ich seit früher Kindheit verbunden war und bald noch meinen späteren Weggefährten und heutigen Ehemann Joachim, der das Lotterleben eines Provinzschauspielers führte und mich bisweilen auf andere als düstere Gedanken brachte.

Meiner Mutter erging es nun ähnlich wie einst Tante Hilla. Sie musste ihre Wohnung zwar nicht holterdiepolter verlassen, jedoch behalten konnte sie diese nicht, soviel stand fest. Also campierte sie nun auch bei Oma Trudel. Ebenso mein Bruder, der die Zeit beim Militär überstanden hatte und fortan in einer städtischen Tischlerei in Zeitz arbeitete. Auch für ihn war weit und breit keine Wohnung in Sicht oder gar in Aussicht.

Man sollte nun nicht etwa glauben, dass sich davon die Hausbesetzer der Villa beeindrucken ließen. Deren Dreistigkeit nahm noch an Fahrt auf, denn die an uns gestellten Forderungen entbehrten jedweder Grundlage und wurden von Monat zu Monat unverfrorener. Die Situation unserer Familie spornte sie regelrecht an, die Mietgelder eigenhändig zu verprassen und sich schamlos am Hauskonto und dem übriggebliebenen Besitz der Familie Linke zu bedienen.

Wehe den Besiegten heißt die Übersetzung des lateinischen Sprichwortes „Vae victis!“

Besiegt waren wir nun seit vierzig Jahren, und noch immer wollte sich keiner von uns Übriggebliebenen geschlagen geben. Das Familienanwesen hätte uns freilich gute Dienste leisten können, denn wir waren mit dieser Art Wohngemeinschaft bei Oma Trudel, obwohl wir einander schätzten und liebten, vollkommen überfordert. In der Villa wäre ausreichend Platz gewesen, auch um bei Bedarf einander aus dem Weg gehen zu können, was für uns alle, unmittelbar nach dem unbegreiflichen Verlust von Recke Karl-Heinz, gewiss nützlich gewesen wäre. Aber der sozialistische Staat mit seinen bornierten Vollstreckern kannte da kein Pardon.

So lebten wir bei Oma Trudel und führten zum politischen Außenkampf bald innerfamiliäre Auseinandersetzungen durch. Es war einfach zu viel, für ALLE.

Irgendwann wurde meiner Mutter eine Altbauwohnung zugewiesen, die sie nicht nur mit meinem längst erwachsenen Bruder, sondern auch noch mit einer alten Flüchtlingsfrau aus dem Sudetenland zu bewohnen hatte. Was war nur aus uns geworden? Erklärend wäre noch hinzuzufügen, dass wir uns zu dieser Zeit in keinem Nachkriegsjahr, sondern anno 1985/1986 befanden. Die Wende war gar nicht mehr weit, wie man heute weiß.

Wohnungsmangel hin oder her, wir lebten im Osten in einer Mangelwirtschaft, allerdings habe ich nie gehört, dass Witwen von linientreuen Fabrikdirektoren jemals so übel mitgespielt worden wäre. Im Rentenalter als Akademikergattin mit einer wildfremden Person in einer Wohnung leben und Küche, Bad und Toilette gemeinsam benutzen zu müssen, das hatte schon mehr als abenteuerlichen Charakter, es war aber so!

Meine Mutter verbrachte nun beinahe das ganze Jahr in ihrem Garten. Dort fand sie ihren Frieden und hielt Zwiesprache mit ihrem verlorengegangenen Karl-Heinz. Wurde ihr kalt, wärmte sie sich in Oma Trudels Wohnung auf. Bei Einbruch der Dunkelheit wanderte sie wieder in ihr Domizil, zu Sohn Jürgen, der den Feierabend im ihm von der Wohnungsbehörde zugewiesenen Zimmer verbrachte und mit der Zeit immer stiller wurde, und zur Flüchtlingsfrau aus dem Sudetenland, die sicher ebenfalls schon bessere Tage als diese erlebt hatte.

Ich wohnte wie eh und je mit Oma Trudel und Tante Hilla

Seit an Seit. Alt waren die beiden geworden, Hilfe hätten sie gebraucht, im Haushalt und bei der Pflege ihrer selbst. Jedoch, da war niemand außer mir. Obwohl sich die Bonzen der Hilfe von Zugehfrauen bedienten, galten diese offiziell als verpöntes Relikt des Kapitalismus. Also übernahm ich die Hege und Pflege meiner lieben Oldies. Im Gegenzug genoss ich zahlreiche Freiheiten. Ich konnte Besuch empfangen, wann und so viel mir behagte, konnte Spaghetti-Partys bei Nacht feiern und durfte auf dem Dachgarten ausgelassene Feste veranstalten. Ich durfte wahrlich eine ganze Menge. Wenn man aber viel darf und viel bieten kann, ist es so, dass man plötzlich unzählige Freundinnen und Freunde hatte, von denen heute so gut wie keiner mehr übrig ist. Aber davon werde ich später berichten, eventuell, ich weiß es noch nicht.

Erklärungshilfe:

Abt. VI:
Die Abteilung VI der BV (Bezirksverwaltung) war seit 1970 zuständig für Passkontrolle, für die Sicherung, Kontrolle und Überwachung des Ein- und Ausreise- sowie des Transitverkehrs, der Interhotels und des Tourismus.

AKG:
Die AKG (Auswertungs- und Kontrollgruppe) war als Funktionalorgan eines Leiters für die abteilungsübergreifende Auswertungs-, Informations- und analytische Tätigkeit verantwortlich.

Dokumentenkartei:
Auf der sog. Dokumentenkarte im Format DIN A 4 (F 404) wurden die auf den verschiedenen Sichtlochkarten vermerkten Informationen zu einer bestimmten Person zusammengeführt und in Schlagworten festgehalten.
Die Dokumentenkartei war geordnet nach den (im Höchstfall vierstelligen) Erfassungsnummern (SLK-Nr.), wie sie in der Sichtlochkartei zur Identifikation der Personen verwendet wurden. Die Karteikarte war in 4 Felder (Teil I – IV) eingeteilt, Teil I und II enthielten die Daten zum Sachverhalt, Teil III zur Person, Teil IV zur Erfassung und Bearbeitung.

F16:
Die **F 16** war der zentrale Datennachweis des MfS zu Personen. Die Vorderseite der Karteikarte (DIN-A6-Querformat) enthält auf der linken Seite Grunddaten zur Person, auf der rechten Seite interne Angaben (Registriernummer bzw. Erfassungsart, Registrierbereich, Diensteinheit/Mitarbeiter, Archivsignatur, Datum des Anlegens der Karte). Die Rückseite der Karteikarte war für die Notierung früherer Erfassungen vorgesehen.

Nur über die Registriernummer ist der Zugang zu weiteren internen Angaben des MfS auf der Vorgangskartei F 22 möglich. Diese Angaben können Vorgangsart, Registriernummer, Deckname, IM-Kategorie bzw. Delikt – z. B. Operative Personenkontrolle (OPK), Datum des Anlegens der Karte, MfS/Bezirksverwaltung, Abteilung/Kreisdienststelle, vorgangsführender Mitarbeiter, Datum der Beendigung der Eintragungen, Archivsignatur u. a. umfassen.

HA VIII:
Die HA (Hauptabteilung) VIII war seit 1955 zuständig für Beobachtung, Ermittlung und Festnahme von Personen sowie Sicherung der Transitwege und verantwortlich für ausländische Militärmissionen.

KK:
Durch eine Erfassung in der **Kerblochkartei (KK)** konnte eine Diensteinheit des Staatssicherheitsdienstes für sich Personen in die zentrale Personenkartei aufnehmen lassen, zu denen diese Diensteinheit alle anfallenden Informationen erhielt.

Im Jahre 1980 wurde die Speicherung von Informationen auf Kerblochkarten eingestellt. Seit dieser Zeit wurde lediglich der Begriff "KK" bei der Erfassung von Personen weiterverwendet.

KK-Erfassungen erfolgten grundsätzlich ohne Kenntnis der betroffenen Person und bedeuten nicht, dass diese Person gezielt und systematisch beobachtet und kontrolliert wurde.

KK erfasst wurden:

- Personen, an denen der Staatssicherheitsdienst wegen ihrer politischen Einstellung beziehungsweise zu erwartender "negativer Verhaltensweisen oder Handlungen" Interesse hatte.

M-Post:

Aufgabe der Abteilung M war die Kontrolle und Auswertung von Postsendungen im internationalen und nationalen Verkehr.

Einbezogen in die Kontrolle waren sowohl Brief- und Kleingutsendungen als auch Telegramme. Als Suchkriterien konnten die Adresse und der Absender einer observierten Person oder auch besondere Merkmale einer Postsendung, wie zum Beispiel fehlende Absenderangabe oder nicht existenter Absender, gelten.

Im Einzelnen liegen folgende Unterlagen aus der Abteilung M zu Ihrer Person vor:

- 4 Briefe
- eine Karteikartentasche
- eine Kopie des Antrags auf Ausstellung eines Personalausweises.

VSH:
Die vom Staatssicherheitsdienst angelegten **„Vorverdichtungs-, Such- und Hinweiskarteien“ (VSH-Karteien)** wurden nicht zentral im Ministerium für Staatssicherheit, sondern nur für den jeweiligen Zuständigkeitsbereich der einzelnen Diensteinheiten geführt.

In diesen Karteien wurden Informationen zu Personen vermerkt und gegebenenfalls laufend ergänzt, an denen aus sicherheitspolitischen Gründen ein Interesse bestand. Damit konnte die entsprechende Diensteinheit des Staatssicherheitsdienstes kurzfristig auf die für sie relevanten Informationen zugreifen.

ZKG:
Die ZKG (Zentrale Koordinierungsgruppe) war eine Diensteinheit auf Ministeriumsebene und zuständig für die Koordinierung der Bearbeitung von Übersiedlungsersuchen sowie für die Koordinierung von Maßnahmen zur Verhinderung von "Republikfluchten".

ZMA:
Über eine ZMA verfügte jede Diensteinheit des Staatssicherheitsdienstes. Neben der Ablage von abgeschlossenen Vorgängen in den eigentlichen Archiven konnten auch dort Informationen zu Personen aufbewahrt und jederzeit abgerufen werden.

Geschäftszeichen: 029701/06Z 5

ZPDB:
Der Staatssicherheitsdienst definierte die "Zentrale Personendatenbank" (ZPDB) als

> "zentrales elektronisches Speicherungs- und Wiedergewinnungssystem des MfS für operativ bedeutsame Personen-, Sachverhalts-, Merkmals- und Hinweisinformationen zur Unterstützung der politisch-operativen Arbeit und deren Leitung."

Die zur Einspeicherung in elektronische Datenverarbeitungsanlagen vorgesehenen Informationen wurden von der jeweiligen Auswertungs- und Kontrollgruppe (AKG) auf ZPDB-Belegen nach vorgegebenen Standards erfasst. Diese Informationen basierten auf Angaben der zuständigen Diensteinheit.

Die elektronischen Datenspeicher wurden im Frühjahr 1990 vernichtet, während die Erfassungsbelege zum Teil noch vorhanden sind.

Erklärungshilfen der BStU zu Stasi-Akten

Wohnung des Karl-Heinz Linke – standesgemäß sieht anders aus

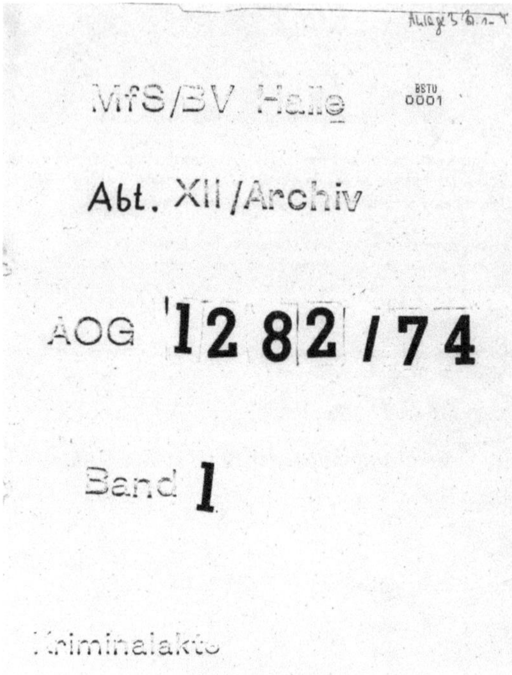

MfS/BV Halle

BStU
0001

Abt. XII/Archiv

AOG 1282/74

Band I

Kriminalakte

Aufwendig inszenierter Denunzierungsversuch der Kripo als Zersetzungsmaßnahme mit rundum zensiertem Ergebnisbericht

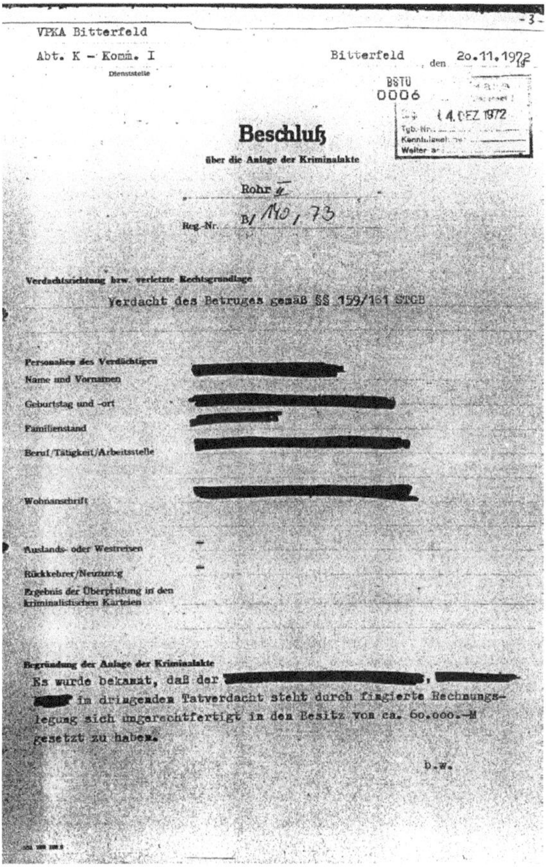

- 3 -

VPKA Bitterfeld

Abt. K - Komm. I
Dienststelle

Bitterfeld den 20.11.1972

BSTU 0006

14. DEZ 1972

Tgb.-Nr.
Kennzeichen
Weiter an

Beschluß

über die Anlage der Kriminalakte

Rohr IV

Reg.-Nr. B/ 140/73

Verdachtsrichtung bzw. verletzte Rechtsgrundlage

Verdacht des Betruges gemäß §§ 159/161 StGB

Personalien des Verdächtigen

Name und Vornamen

Geburtstag und -ort

Familienstand

Beruf/Tätigkeit/Arbeitsstelle

Wohnanschrift

Auslands- oder Westreisen -

Rückkehrer/Neuzuzug -

Ergebnis der Überprüfung in den kriminalistischen Karteien

Begründung der Anlage der Kriminalakte

Es wurde bekannt, daß der ██████, ██████ in dringendem Tatverdacht steht durch fingierte Rechnungslegung sich ungerechtfertigt in den Besitz von ca. 60.000.-M gesetzt zu haben.

b.w.

Das Spiel beginnt

Der VEB CKB erteilte ~~über den~~ Ing. L i n k e, ~~beschäftigt VEB Orbi-~~ taplast Gölzau, dem [geschwärzt]
den Auftrag zur Anfertigung von Rohrpaßstücken.
Dem VEB CKB wurden von [geschwärzt] bisher ca. 188.ooo.-M für Material und Leistungen berechnet. Unter den Rechnungen befand sich eine Rechnung über einen Materialwert von ca. 61.ooo.-M.

BStU
0007

Die bisherigen Überprüfungen zu dem Sachverhalt ergab, daß dieser Rechnung jede Grundlage entbehrt. [geschwärzt] hat dieses in Rechnung gestellte Material nicht gekauft und demzufolge nicht im Besitz.
Festgestellt wurde, daß [geschwärzt] für seine Betriebsausrüstung eine Schneidmaschine sowie eine Drehbank gekauft hat. In diesem Zusammenhang besteht der Verdacht, daß er die besagte Summe in Rechnung gestellt hat, um sich in den Besitz von Bargeld zu setzen und den Kauf seiner Maschinen zu finanzieren.
Die geschilderte Manipulation wurde nach bisherigen Überprüfungen auf Anraten des Ing. L i n k e durchgeführt.
Weiterhin erhielt der VEB Brücken und Tiefbau Bernburg einen Auftrag vom VEB CKB, der ebenfalls von LINKE vermittelt wurde.
Bei der Abrechnung dieser Leistungen – Anfertigung von Paß-stücken – besteht ebenfalls der Verdacht, daß Leistungen berechnet wurden, die nicht erbracht wurden.

Zusammenhang mit der vorstehend genannten Person sind folgende Personen mit zu registrieren:

1. L i n k e, Karl- Heinz — 25.1.1915 in Zeitz — Weißandt-Gölzau, Str.d. Chemiearbeiter 7
Name — Vornamen — Geburtstag und -ort — Wohnanschrift

2.

3.

4.

5.

6.

7.

8.

9.

10.

Unterstellung der Beihilfe zum Betrug als Zersetzungsmaßnahme

Operativplan

Was ist mit welcher Zielstellung zu tun bzw. welche Fragen sind zu klären?	Wie sind wann und wo welche operativen bzw. kriminaltechnischen und -taktischen Mittel, Methoden und Verfahren zur Lösung der gestellten Aufgabe einzusetzen?	Verantwortlich für die Realisierung der Maßnahmen? Termin:
		BStU 0008
Ermittlungen zur Aufklärung der Person LINKE sowie Vermögenslage	Ermittlungen im Betrieb und Wohngebiet	Ltn.Koppke 3o.1.1973
Ermittlungen zur Person und Vermögenslage zur Person [geschwärzt]	Ermittlungen im Friedrichsbrunn Einbeziehung ABV	Ltn. Koppke 3o.1.1973
Überprüfung der Rechnungen	Einschalten der Rechnungsprüfung des CKB – Anfertigung eines Überprüfungsberichtes	Ltn. Koppke 3o.1.1973
Beschaffung von Rechnungen u.a. Beweismitteln	Anfertigung von Fotokopien und Abschriften	Ltn. Koppke 3o.1.1973
Einsatz des IM Heinze	Überprüfung der Rechnungen Überprüfungen in Friedrichsbrunn Überprüfungen beim VEB Brücken- und Tiefbau Bernburg Beschaffung von Beweismaterial Ermittlungen zu den Personen Feststellen der genauen Materialmengen und Leistungen des Linke, Orbitaplast [geschwärzt] Friedrichsbrunn VEB Tiefbau Bernburg	Ltn. Koppke 3o.1. 1973

Operativplan der Stasi in Zusammenarbeit mit der Kripo

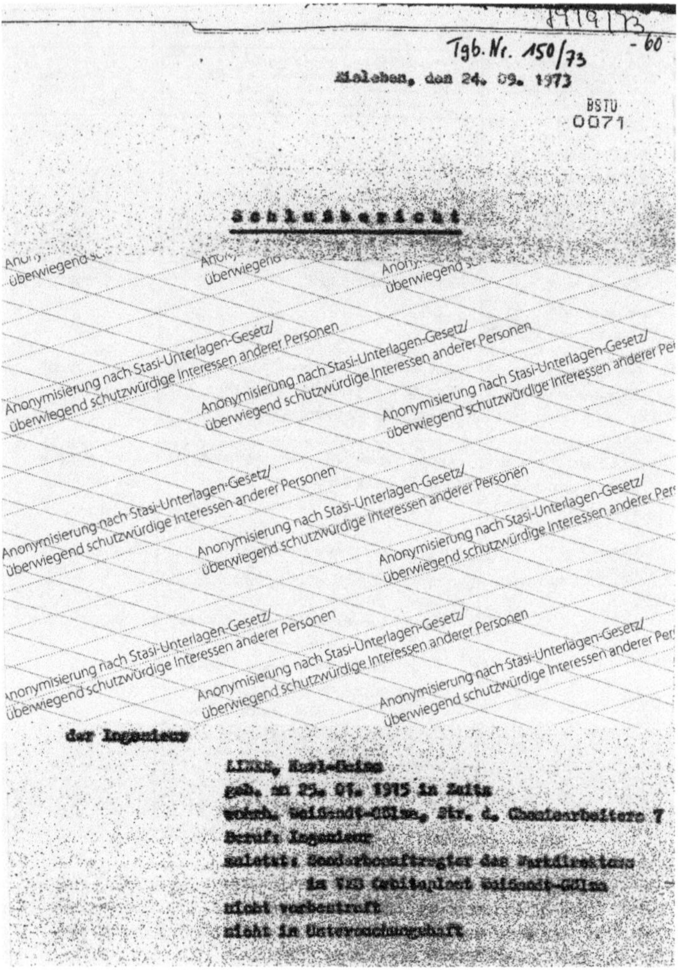

Tgb. Nr. 150/73 -60

[illegible], den 24. 09. 1973

BSTU
0071

Schlußbericht

Anonymisierung nach Stasi-Unterlagen-Gesetz/
überwiegend schutzwürdige Interessen anderer Personen

der Ingenieur

[illegible]
geb. am 25. 01. 1915 in Zeitz
wohnh. [illegible], Str. d. Chemiearbeiters 7
Beruf: Ingenieur
zuletzt: Sonderbeauftragter des Werkdirektors
im VEB [illegible]
nicht vorbestraft
nicht in Untersuchungshaft

Totalzensur der BStU – Behörde des/der Bundesbeauftragten für Unterlagen des Staatssicherheitsdienstes der ehemaligen DDR

Ausfertigung

Kreisgericht Zeitz
Z 1o3/77

Verkündet am 24. 2. 1978

Rechtsanwalt
Vogt
Zeitz

U r t e i l

Im Namen des Volkes!

In dem Rechtsstreit

Erbengemeinschaft Margarete Linke
1. Karl-Heinz Linke, Weißandt-Gölzau, Str. d. Chemiearbeiter 7
2. Hildegard Linke, Zeitz, Humboldtstr. 3/5,
3. Hanna Horn, Steinbach/Taunus, Stettiner Str. 44,
alle vertreter durch den Kläger zu 1.

- Kläger -

Prozeßbevollmächtigter: Rechtsanwalt Vogt, Zeitz,

g e g e n

1. Rat des Kreises Zeitz
- vertreten durch den Vorsitzenden -
2. VEB Gebäudewirtschaft Zeitz, 49 Zeitz, Tröglitzer Str. 8,
- vertreten durch den Betriebsdirektor Weibel-

- Verklagte -

Prozeßbevollmächtigter: Rechtsanwalt Oehler, Zeitz,

w e g e n Reparaturkosten

hat die Kammer für Zivilrecht des Kreisgerichts Zeitz nach mündlicher Verhandlung durch

Direktor Menz
als Vorsitzenden

Näherin Grete Ruß
Traktorist Otto Höft
als Schöffen

für R e c h t erkannt:

1. Die Klage wird abgewiesen.
2. Die Kosten des Verfahrens tragen die Kläger.

Rechtsmittelbelehrung:

Gegen dieses Urteil ist die Berufung zulässig.
Die Berufung kann auf eine oder mehrere der im Urteil gleichzeitig erlassenen Entscheidungen beschränkt werden. Die Berufung ist innerhalb von zwei Wochen nach Zustellung des Urteils bei dem Gericht schriftlich einzulegen, das das Urteil erlassen hat. Die Berufung kann auch von der Rechtsantragsstelle aufgenommen oder durch einen in der DDR zugleassenen Rechtsanwalt eingelegt werden.

Ergebnis der Mandatsführung mit staatlich „verordnetem" Rechtsanwalt

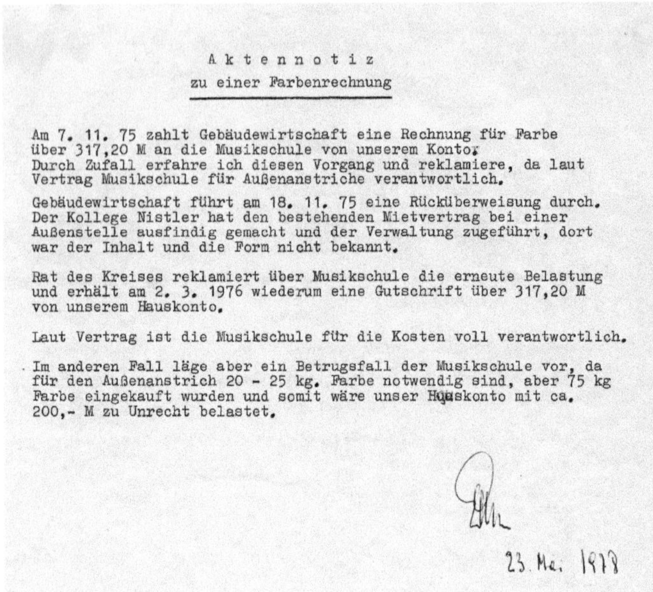

A k t e n n o t i z

zu einer Farbenrechnung

Am 7. 11. 75 zahlt Gebäudewirtschaft eine Rechnung für Farbe über 317,20 M an die Musikschule von unserem Konto.
Durch Zufall erfahre ich diesen Vorgang und reklamiere, da laut Vertrag Musikschule für Außenanstriche verantwortlich.

Gebäudewirtschaft führt am 18. 11. 75 eine Rücküberweisung durch. Der Kollege Nistler hat den bestehenden Mietvertrag bei einer Außenstelle ausfindig gemacht und der Verwaltung zugeführt, dort war der Inhalt und die Form nicht bekannt.

Rat des Kreises reklamiert über Musikschule die erneute Belastung und erhält am 2. 3. 1976 wiederum eine Gutschrift über 317,20 M von unserem Hauskonto.

Laut Vertrag ist die Musikschule für die Kosten voll verantwortlich.

Im anderen Fall läge aber ein Betrugsfall der Musikschule vor, da für den Außenanstrich 20 - 25 kg. Farbe notwendig sind, aber 75 kg Farbe eingekauft wurden und somit wäre unser Hauskonto mit ca. 200,- M zu Unrecht belastet.

23. Mai 1978

Aktennotiz des Karl-Heinz Linke im Farbenrechnungsbetrugsfall

In früheren Aussprachen hatte ich Sie um einen Teil des Gartens gebeten, damit ich eine bessere Kontrolle über das Haus ausüben konnte und um Reparaturmaßnahmen besser zu steuern. Durch Ihre Ablehnung und die Anweisung an Ihr Personal, mir das Betreten des Hauses und des Gartens zu verwehren, ist nunmehr ein Zustand eingetreten, der dem Haus einen Schaden zugefügt hat, der über 10.000,- M liegt und nur von der Musikschule zu vertreten ist. Durch Feierabendrealisierung wurden wir laufend zu unseren Ungunsten belastet. Der Zustand auf dem Dachboden ist chaotisch. Die Balkonreparatur unmöglich und die sogenannte Bauperiode ein Unding. Ich stelle nachstehende Behauptung auf:

Wären die Reparaturen von dem Hauseigentümer und unter dessen Regie durchgeführt, dann würde das Haus

Agricolastr. 8

einen gepflegten Eindruck machen und die Reparaturkosten wären nur ein Teilbetrag von den Kosten gewesen, die das Zweiergespann

Musikschule - VEB Gebäudewirtschaft

verwirtschaftet hat.

Im Jahre 1968 wurde letztmalig ein Überschußverteilung von 600,- M getätigt. Seit 1969 haben wir, d.h. die Erbengemeinschaft auf Überschußverteilung verzichtet, damit eine generelle Reparatur der Außenhaut durchgeführt werden konnte. Aber der Musikschule gelang es immer wieder, unser Konto unberechtigt anzuzapfen und sich somit um eigene Leistungen zu drücken. Außerdem konnte man großzügig handeln in dem man laufend Feierabendrealisierungen von dem Konto Linke abbuchen ließ, statt sie vertragsgemäß selbst zu bezahlen oder den Hausmeister richtig anzuleiten.

1976	Instandhaltung des Grundstückes laut Gebäudewirtschaft für den Zeitraum 1. 1. 76 - 30. 4. 76	7.213,98 M
1975	Instandhaltung des Grundstückes nach Auszug aus den Unterlagen der Gebäudewirtschaft	3.700,-- M
1977	Instandhaltung des Grundstückes wenn Ihr Forderungsprogramm berechtigt wäre und realisiert würde	rd. 10.000,-- M
		rd. 21.000,-- M

Aufgrund der augenblicklichen Miete ist der verfügbare Reparaturfonds pro Jahr ca. 1.500,- M.
1976 und 1975 enthält über 50 % Unrechtmäßigkeiten. Eine Gegenüberstellung der Zahlen bedarf keine weitere Erläuterung und ich erwarte nunmehr volle Erfüllung Ihrer Pflichten.
Ich gebe diesen Brief und weitere Unterlagen an die Staatsanwaltschaft (mit einer Anzeige wegen Betrug), eine Eingabe an den Staatsrat bzw. an das Ministerium der Justiz folgt und der Rat des Kreises Zeitz wird von mir verständigt.

Hochachtungsvoll

Kleiner Einblick in die Machenschaften des Rates des Kreises Zeitz und des VEB Gebäudewirtschaft Zeitz in für die damaligen DDR-Verhältnisse utopischer Größenordnung

Der zugefügte Schaden beläuft sich auf:

27 Jahre keine Miete für die Garage bezahlt	6.48o,- M
27 Jahre keine Nutzung für den Garten geleistet	4.o33,8o"

Die Formulierung "Der Mietpreis wurde von uns mit der Abt. Preise abgestimmt" ist nicht zutreffend. Die Abt. Preise hat Richtpreise genannt und hinzugefügt, daß es Vereinbarungspreise sind, die zwischen den Partnern ausgehandelt werden müssen. Die Ermittlung des neuen Mietpreises muß als Anlage dem Mietvertrag beigegeben werden.
Ich habe einen Mietpreis von mindestens 577,- M errechnet, der aufgrund der Vereinbarung bis zu 64o,- M gesteigert werden kann.

27 Jahre wurde keine gewerbliche Miete gezahlt. Mindestausfall ca. 6o.ooo,- M.

Karl-Heinz L i n k e

4371 W.-Gölzau, den 7.9.1981
Str. d. Chemiearbeiter 7

An den
Vorsitzenden
Rat des Kreises Zeitz
Herrn Egon Bergmann

Am 2.9. habe ich an die Abt. Kultur das beigefügte Schreiben abgeschickt. Weiterhin füge ich ein Schreiben an VEB Gebäudewirtschaft bei, welches bis zum heutigen Tag nicht beantwortet ist. Das beigefügte Schreiben an die Musikschule vom 22.6.77 war von mir als Maßnahme gedacht, die den Abschluß eines Mietvertrages beschleunigen sollte. Die Antwort ist aus dem Schreiben der Musikschule vom 12.7.77 ersichtlich.
Die Unterlagen überreiche ich Ihnen, damit Sie über das Fehlverhalten von div. Dienststellen informiert werden, die eine Situation herbeigeführt haben, die für mich sehr unangenehm ist. In meinem Besitz sind weitere Schreiben, die weiteres Fehlverhalten dokumentieren - ungesetzliche Feierabendarbeit, überzogene Rechnungen usw.

Anlage

Hochachtungsvoll

Schreiben vom 07.09.1981 an den Vorsitzenden des Rates des Kreises Zeitz – facettenreiches Unheil

Facettenreiches Unheil

Wir alle fristeten unser außergewöhnliches Leben mehr oder minder erfolgreich oder erfolglos. Oma Trudel gelang es durch ihren unerschütterlichen Einsatz und den Glauben ans Gute, die Familie beziehungsweise das, was davon übriggeblieben war, zusammenzuhalten. Geistig agil wie in alten Zeiten, kümmerte sie sich um die Finanzen, verteilte ihr Kapital großzügig und ermöglichte uns damit ein erträglicheres Leben.

Meine Ausbildung näherte sich dem Ende entgegen. Dank Omas Finanzspritzen wurde ich stolze Besitzerin eines gelben Trabant 601, das war das dritte und meistgebaute Modell der in der DDR hergestellten Trabant-Kleinwagen-Baureihe, und war somit so oft wie möglich unterwegs, und nun nicht mehr als Tramperin auf der Straße. Ich packte mein kleines gelbes Gefährt, dem ich den Namen „Bogomil" gegeben hatte, holte eine Freundin, meist war es Angela, ab, und los ging es! Ein Quartier brauchten wir nie, denn wir schliefen im Gras und bei schlechtem Wetter im Auto. Wir besuchten auch den Werbellinsee, den man ja wahrhaftig nicht für das dort schicksalhafte Ableben meines Vaters verantwortlich machen konnte. Wir besuchten den Ostseestrand, den Böhmerwald und das sächsische Elbsandsteingebirge.

Rückblickend muss ich erwähnen, dass dies mit Abstand die beste Zeit meines Lebens war. Bis jetzt jedenfalls.

Mein Examen hatte ich trotz aller beruflichen Aversionen irgendwann mit „sehr gut" bestanden. Meine Berufstätigkeit begann, gottlob, mit genügend Freizeit aufgrund des Dreischichtsystems, also Früh-, Spät- und Nachtdienst. Dadurch kamen reichlich Überstunden zusammen, die sich „abfeiern“ und nützlich verbringen ließen. Nützlich verbringen bedeutete für mich, Oma Trudel und die liebe Tante Hilla versorgen zu können, für sie einzukaufen und vorzukochen, dann meine Siebensachen zu packen und in eine, in diesem Falle meine, kleine Freiheit zu starten, egal wohin.

Von Zeit zu Zeit begleitete mich auch mein späterer Weggefährte und heutiger Ehemann Joachim auf meinen Unternehmungen. Seine Tätigkeit am Theater ließ nicht viel Platz für spontane Reisen. Wenn doch, hatten wir wirklich viel Spaß, und eines Tages meldete sich unser Sohn Maximilian an.

Aber noch wusste ich nichts von ihm, fuhr mit Angela im Januar anno 1987 nach Warnemünde, genoss die kalte, frische Ostseeluft und die stundenlangen Wanderungen mit meiner Freundin am Strand. Wieder zu Hause angekommen, verabredeten wir uns für die Abendstunden in einem Lokal. Wir wollten am nächsten Morgen nach Leipzig fahren, denn Goethes alte verstaubte Lieblingsstadt mit Auerbachs Keller und den mannigfaltigen Kulturangeboten hatte es uns beiden angetan.

Doch irgendetwas kam dazwischen, ich glaube, es war ein Knüppel zwischen meinen Beinen. Er zersplitterte mir den rechten Unterschenkel, der Verursacher wurde übrigens nie ermittelt, und ich landete unsanft im Schnee vor unserer Haustür. Da das Glück mir hold war und mich später der betrunkene Hausmeister unseres Wohnobjektes fand und mich somit vor dem sicheren Erfrierungstod rettete, wurde ich ins Krankenhaus verfrachtet. Dort musste ich mit Streckverband und Lebensüberdrussgedanken, die sich natürlich nicht umsetzen ließen, für kommende zwei Monate verweilen. Da lag ich nun, handlungsunfähig im Krankenbette meines ehemaligen Ausbildungsbetriebes, direkt auf der Chirurgie, einer Station, auf der ich selbst als Schwesternschülerin für Lacher gesorgt hatte. Ich erinnere mich an eine Begebenheit, in der ich als naive Sechzehnjährige, auf ein von einer Bauersfrau abgegebenes

Legehennen-Präsent für den behandelnden Chirurgen mit großen Lettern vermerkte, „Achtung! Dr. L.'s Eier!", was für große Erheiterung sorgte. Da ich zu diesem Zeitpunkt noch immer in meinem sehr unverdorbenem Umfeld lebte, konnte ich den Grund des Spottes nicht nachvollziehen.

Für lange Zeit war ich erst mal ans Bett gefesselt, wie gesagt mit Streckverband und zwei älteren Mitpatientinnen im Krankenzimmer. Es war eine schreckliche Zeit! Krank war ich, schwanger war ich, vaterlos war ich, ohne Auto war ich, und Angela hatte sich in einen Westdeutschen verliebt und wollte zu ihm in die Bundesrepublik. Das Unglück war perfekt, glaubte ich, aber auch dies sollte noch schlimmer kommen.

Nach mehrmonatigem Krankenhausaufenthalt wurde mein wehes Beinchen von oben bis unten eingegipst und ich zur Rekonvaleszenz nach Hause befördert. Zwei kräftige Burschen setzten mich vor Omas Wohnung in der dritten Etage ab. Was mich herinnen erwartete, verschlug mir die Sprache. Meine geliebte Oma Trudel lag, mit blauen Flecken übersät und kaum ansprechbar im Bett und sah ihrem Ende entgegen, Tante Hilla hielt ihre Hand und ich, vor Entsetzen, meine einst große Klappe. Was geschehen war, weiß ich bis heute nicht! Am selben Abend hatte meine Oma Trudel jedenfalls das Reich der Lebenden verlassen und war, falls das Schicksal es so wollte, wieder mit Opa Richard vereint. Wer weiß das schon? Immerhin hatte Oma Trudel mit ihrem letzten Atemzug gewartet, bis ich aus dem Spital entlassen wurde. Somit ermöglichte sie selbst in ihrer präfinal besonnenen Art ein Abschiednehmen zwischen mir, der Versehrten, sich in anderen Umständen befindenden Eingegipsten und ihr, der geliebten Großmutter und Retterin in fast jeder Lebenslage, die nun selbst nicht mehr zu retten war.

Omas Überlebensrezept

Ich bin Jahrgang vierundsechzig
neunzehnhundert, das ist richtig,
denn als damals grad Gebor‘ne
nehme ich mich heut‘ nicht wichtig.

Meinerseits möcht‘ ich betonen,
meine Oma tat mich prägen,
und sie lehrte mich das Kochen
und auch Hölzer zu zersägen.

Sie hat zweimal einen Weltkrieg
mit viel Elend überstanden.
Sie saß nächtelang im Bunker,
sie und ihre Anverwandten.

Hatt‘ ihr eig‘nes Kind getröstet,
buk aus Kaffeesatz ‘nen Kuchen,
tauschte Goldschmuck gegen Eier,
ging den Schwarzmarkt oft besuchen!

Kocht‘ aus Heringsgräten Suppe
und aus Rüben „Fleischgerichte“,
las bisweilen, kam kein Angriff,
Opas ferne Frontberichte.

Oma zeigte mir das Sparen,
macht' 'ne Tugend aus der Not.
Vieles ist ihr widerfahren,
dafür gab's kein Rettungsboot.

Niemals hat sie was verschwendet,
nie ein Brotstück weggeschmissen,
und wenn Kleidung mal porös wurd',
näht' sie daraus Sofakissen.

Dabei hörte sie Herrn Mozart
und trank Tee aus Meissner Tassen,
und sie sagte oft, es nützt nichts,
als mitunter loszulassen.

Einer Menschheit, die bisweilen
bis zum letzten Glied verroht,
kann im Leben nichts mehr helfen
außer einer Hungersnot ... !!!

Alsbald sollten ihr noch weitere der von Recke Karl-Heinz Hinterbliebenen in die ewigen Jagdgründe folgen. Auch deren Todesursachen sind bis heute ein Geheimnis, aber davon werde ich später berichten.

Vorwärts gehen

Von nun an lebten Tante Hilla und ich in einer Wohnung, in der wir nicht bleiben durften, nämlich in der von Oma Trudel, die ja inzwischen unter der Erde lag. Es handelte sich auch in diesem Fall um eine Dienstwohnung, die Oma Trudel bis zu ihrem Lebensende bewohnen durfte, und da ihr Lebensende eingetreten war, forderten uns die Genossen auf, auszuziehen. Da wir aber weder über die Kraft noch über die leiseste Ahnung verfügten, wohin uns diese Reise führen sollte, blieben wir einfach, was erstaunlicherweise geduldet wurde. Wahrscheinlich gab es kein Wohnloch, in das man uns hätte stecken können, mich mit eingegipstem Bein und Baby im Bauch und dazu noch Tante Hilla, die nun auch fast achtzig Lenze zählte.

Die Zeit verging, die politischen Aufregungen für den Rest der Familie blieben. Irgendwann kam der Gips ab und kurze Zeit später kam Mäxchen, mein kleiner Sohn, zur Welt, fünf Wochen zu früh, aber immerhin fünf Pfund schwer, ein richtiges Prachtkerlchen. Als zu früh Geborener wurde er in die Kinderklinik der Nachbarstadt Weißenfels verlegt. Wir besuchten ihn, sooft dies erlaubt war und hatten alle unsere Freude an ihm. Damals durfte man die Winzlinge nicht wirklich besuchen, nur der Blick durch die Scheibe an der Tür des Säuglingszimmers war gestattet. Aber immerhin, er schien zu gedeihen und erreichte bald das vorgeschriebene Gewicht, um nach Hause zu dürfen. Das war wirklich ein Glück!

Ich holte ihn mit Joachim, seinem Vater, ab und hatte kurzfristig das Gefühl, dass alles nun gut werden würde oder so ähnlich. Wie sehr ich mich täuschte, erfuhr ich drei Monate später. Joachim hatte die Nase voll vom sozialistischen Einheitsbrei und von kommunistischen Theaterstücken, die es für Schauspieler aufzuführen galt. Also nutzte er die einzige, langersehnte Gelegenheit, die sich ihm je bot und blieb nach einem Familienbesuch in der Bundesrepublik, also drüben im Westen.

Freilich setzte er von dort aus sämtliche Hebel in Bewegung, um uns, also Mäxchen und mich, mittels Familienzusammenführung zu sich zu holen, aber bis dies glückte, sollten noch fast zwei Jahre mit unzähligen und endlosen Stasi-Verhören ins Land gehen.

Mein kleines Mäxchen war ein pflegeleichtes Baby, es entwickelte sich zu einem fröhlichen Kleinkind, wurde von allen geliebt und besonders von meiner Mutter, meinem Bruder und Tante Hilla verwöhnt. Gerne spielte der Kleine in Omas Garten, er konnte hingebungsvoll Steine sortieren und aus ihnen Kunstwerke errichten. Dass um uns herum Bedrohliches geschah, wusste er nicht. Welch Glück für seine Kinderseele!

Mit der Staatssicherheit war nicht zu spaßen. Regelmäßig musste ich mich bei deren Handlangern melden. Es gab in Zeitz, direkt am Altmarkt, eine Dienststelle dieser Ungeheuer, die übrigens schon während des 2. Weltkrieges von der SS genutzt und von Regimekritikern gefürchtet war und in der seit jener Zeit ohne Unterbrechung Böses geschah.

Ich jedenfalls war nun zum Spielball der Genossen dieser Einrichtung geworden, Zermürbung galt als probates Mittel gegen jede Form von Regimeuntreue, und, so absurd das Ganze auch war, dieser wurde ich, die den Kontakt zu Joachim, dem republikflüchtigen Staatsfeind, nicht abzubrechen bereit war, bezichtigt. Wöchentlich hatte ich mich dort zu melden, einmal, zweimal, dreimal, ganz nach Gutsherrenart und ganz nach Belieben der Stasioffiziere und immer „zur Klärung eines Sachverhaltes". Oft holten diese Herren mich auch zu Hause ab, eskortierten mich und mein Mäxchen ins finstere Verlies, um uns dort schmoren zu lassen und weichzukochen, Stunde um Stunde, was ihnen jedoch Schwierigkeiten zu bereiten schien. Ich hatte für uns beide längst einen Ausreiseantrag gestellt, es gab also kein Zurück mehr!

Die Kommandantur am Altmarkt beschäftigte auch weibliche Mitarbeiter, also *innen. Diese sind mir als besonders scheußliche Artgenossen bis heute in Erinnerung geblieben, Flintenweiber mit sadistischem Naturell, diese Umschreibung ist wahrscheinlich die zutreffendste. Kann und darf man das so sagen? Einmal drohten sie mir mit Zwangsadoption vom Mäxchen, ein anderes Mal wollten sie mich ins Kittchen und ihn ins Kinderheim stecken. Die Damen entwickelten diesbezüglich wie damals, na, sie wissen schon …, die mannigfaltigsten Ideen zur Vernichtung des Klassenfeindes, also meiner Person. Umgesetzt haben sie diese Drohungen gottlob nie, aber ich stand natürlich unter Dauerstress, was gewiss auch das Ziel ihrer Operationen gewesen sein durfte.

Meinen Personalausweis beschlagnahmten die Genossen alsbald, angeblich zu meiner eigenen Sicherheit, und da Freundin Angela mir nach wie vor die Treue hielt, was von der Staatssicherheit mit Argwohn beobachtet wurde, den ihren gleich mit. Nun hatten wir den Salat!

Wir besaßen von nun an einen neuen Identifikationsnachweis, den sogenannten PM 12, ein Dokument, das Schwerverbrecher und eben Querulanten ihr Eigen nannten. Fortan durften wir die Stadt nicht verlassen, hatten uns unaufgefordert regelmäßig bei der Stasi-Zentrale zu melden und konnten bei jeder auf Schritt und Tritt stattfindenden Personenkontrolle durch die „Abschnittsbevollmächtigten", dieses waren meist DUMME, die dem Staat zu Diensten waren und ihre Mitmenschen drangsalierten, ähnlich wie damals, na, sie wissen schon …, festgesetzt werden.

Angelas einziges Vergehen bestand damals darin, dass sie den Kontakt zu mir nicht, wie ihr von der Stasi nahegelegt worden war, abgebrochen hatte. Ihre Ausreisepläne lagen längst ad acta, denn ihr Liebster im Westen hielt dem damit verbundenen Druck nicht stand und beendete die Liaison schweren Herzens. Schade, aus den beiden wäre, ohne Mauer und Stacheldraht, gewiss ein tolles Paar geworden. Vermutlich hätten sie geheiratet, ein bis zwei süße, blauäugige Kinderchen, denn blauäugig, das waren sie beide, in die Welt gesetzt. Sie wären in den Urlaub gefahren und zusammen alt geworden. Sie hätten im Park gesessen, die Tauben gefüttert und dafür, wirklich nur dafür, eine Strafe kassiert. Vielleicht noch für zu schnelles Autofahren oder das Überschreiten der Parkdauer, aber niemals, wirklich niemals für ihre übergroße Liebe, die dem verflixten System nicht standhielt und daran gescheitert ist. Was aus Angelas Freund geworden ist, entzieht sich meiner Kenntnis. Sie jedenfalls zerbrach an dieser bitteren Realität, nahm sich später das Leben und ließ ihre Eltern und Geschwister in tiefer Verzweiflung zurück. Mich übrigens auch!

Einer Freundin gewidmet

Du liebe Freundin Angela,
Du hast in einer Nacht
der allergrößten Einsamkeit
Dich einfach umgebracht.

Ganz einfach war das sicher nicht,
Du hingst gewiss am Leben,
doch ständig war da irgendwas,
das stellte sich dagegen.

Ob Stasi oder Vater Staat,
ein Vater war der nie,
was bleibt ist die Erinnerung
und manche Melodie.

Die Melodie verflog'ner Zeit,
es war nicht alles schlecht.
Was gut war, hab ich nie kapiert,
auch heut noch nicht, erst recht!

Der Ausweisersatz PM 12 erwies sich als ein überaus hinderliches Dokument. Die Freizeit hatte man als Inhaber eines solchen möglichst zu Hause zu verbringen, in einem Zuhause, das nun natürlich verwanzt war. Allerdings nicht von jenen kleinen, niedlichen Insekten der Gattung Schnabelkerfe, von denen es weltweit etwa achtzigtausend Arten geben soll. Die Ähnlichkeit derer und derer, mit denen ich es von nun an zu tun hatte, bestand einzig und allein darin, dass es sich um Schädlinge räuberischer Art handelte. Diejenigen, die mein Leben begleiteten, vermehrten sich nicht, waren geruchsneutral und knabberten keine Pflanzenblätter an. In Betten beziehungsweise darunter befanden sie sich aber ebenso wie die gemeine Bettwanze. Sie nahmen alles auf, was die Herren und *innen des operativtechnischen Sektors, denn sicher waren auch ein paar Damen darunter, zu hören begehrten. Bestimmt geilte sich der eine oder andere dieser Gestalten daran auf, am Gelächter, Geplapper, Gepupse und vielleicht auch am Geschnacksel des zu überwachenden Subjektes. Auf jeden Fall ließen sich darüber Berichte anfertigen. Der Staatsfeind musste schließlich unter Kontrolle bleiben.

An einem lauschigen Frühlingstag des Jahres 1989 wurde ich, und wie ich später erfuhr, Angela ebenso, zur Abteilung für innere Angelegenheiten in Zeitz beordert. Nicht, dass dort ein Internist gesessen hätte, der sich wohlwollend für die Gesundheit meiner Innereien interessiert hätte, es handelte sich um eine dem „Ministerium des Inneren" untergeordnete Volkspolizeistelle, die mir und auch Angela unsere einst eingezogenen Personalausweise zurückgab, ohne Begründung oder dergleichen. Mir jedoch war klar, warum, im Mai sollten die Kommunalwahlen in der DDR stattfinden. Ein jeder Bürger hatte gefälligst daran teilzunehmen, und dazu, ja dazu musste man im Besitz eines gültigen Personalausweises sein, ganz einfach. Es sollte nicht nur die letzte Wahl in Ostdeutschland werden, sondern auch mein letzter Monat als DDR-Bürgerin. Bereits im Juni bekamen Mäxchen und ich die Ausreisegenehmigung, aber rechte Freude darüber konnte nicht aufkommen.

Es war also beschlossene Sache. Ich hatte das Land mit Mäxchen genau am

15. Juni 1989

zu verlassen, die Zugverbindung bestimmten die Vasallen der Staatssicherheit. Mitnehmen durfte ich nichts, außer Mäxchen natürlich, und das war das Wichtigste.

Ulrike Linke

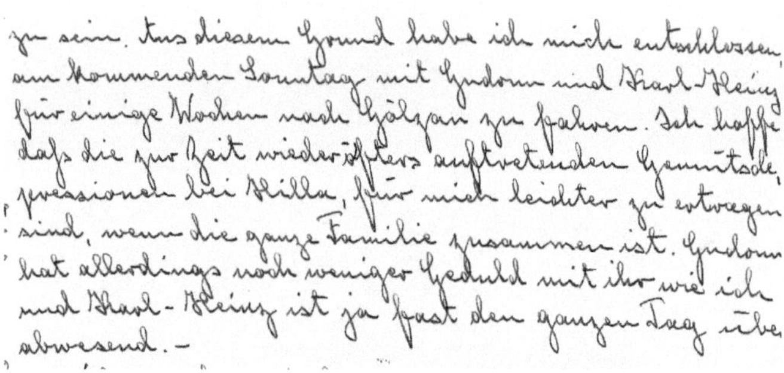

zu sein. Aus diesem Grund habe ich mich entschlossen
am kommenden Sonntag mit Gudrun und Karl-Heinz
für einige Wochen nach Gölzau zu fahren. Ich hoffe
daß die zur Zeit wieder öfters auftretenden Gemütsde-
pressionen bei Hilla, für mich leichter zu ertragen
sind, wenn die ganze Familie zusammen ist. Gudrun
hat allerdings noch weniger Geduld mit ihr wie ich
und Karl-Heinz ist ja fast den ganzen Tag über
abwesend. –

Auszug aus einem Brief von Oma Trudel

VOLKSPOLIZEI-KREISAMT
Zeitz

Paß u. Meldewesen

089060

BStU
000002

VPKA · 4900 Zeitz · Friedensplatz 18–19

Rat des Kreises
Abteilung-Innere Angelegenheiten-
Albrechtstr.
Zeitz
4 9 0 0

Ihre Zeichen	Ihre Nachricht vom	Hausapparat	Unsere Zeichen	Datum
			Ot.	17.03.1980

Betreff:

Aufnahme in die Einreisesperre u. Transitsperre

Wir teilen Ihnen mit,
daß seitens des VPKA Zeitz, in Abstimmung mit der KDfS Zeitz
für
Linke, Ulrike PKZ: 29 12 64 5 15 056 in Wernigerode
wohnh. Humboldtstr. 3-5, Zeitz, 4900
die Einreise u. Transitsperre beantragt wird.

Stellmacher
Oltn.d.VP

17.05.89

Ulrike Linke – bereits mit 16 Jahren in den Fängen der Stasi

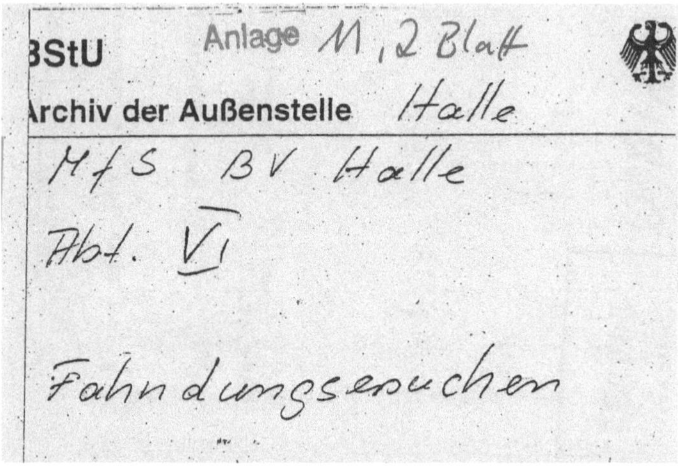
BStU Anlage 11, 2 Blatt

Archiv der Außenstelle Halle

MfS BV Halle

Abt. VI

Fahndungsersuchen

Ulrike Linke weiß nicht, was hinter ihrem Rücken geschieht

Rat des Kreises Zeitz

Bezirk Halle

Abteilung Kultur

Rat des Kreises Zeitz, 4900 Zeitz, Albrechtstraße 24

Herrn
Karlheinz Linke

4371 Weißandt-Gölzau

Str. d. Chemiearbeiter 7

Ihre Zeichen	Ihre Nachricht vom	Unsere Nachricht	Unsere Zeichen	Zeitz, den
			mü/an	10.8.83

Betreff

Werter Herr Linke!

In Abstimmung mit der Direktorin der Musikschule Zeitz, Kolln. Scheller, lade ich Sie für

Sonnabend, 3.9.83, 9.30 Uhr

zu einer Aussprache einschließlich Besichtigung in die Musikschule, G.-Agricola-Str. 8 ein.
Leider war es mir nicht eher möglich, Ihnen diesen Termin mitzuteilen.

Mit freundlichem Gruß

Müller
Mitglied des Rates
für Kultur

Bankverbindung:
Staatsbank der DDR, Kreisfiliale Zeitz
3671-23-60 011

Fernsprech-Sammelnummer:
6711

Fernschreiber: 056/8026
Betriebsnummer: 04 404 007

IV 30 8 Hzg 001-81 20 T. A 2327

Der Immobilienbesitzer wird vom Rat des Kreises Zeitz samstags zitiert

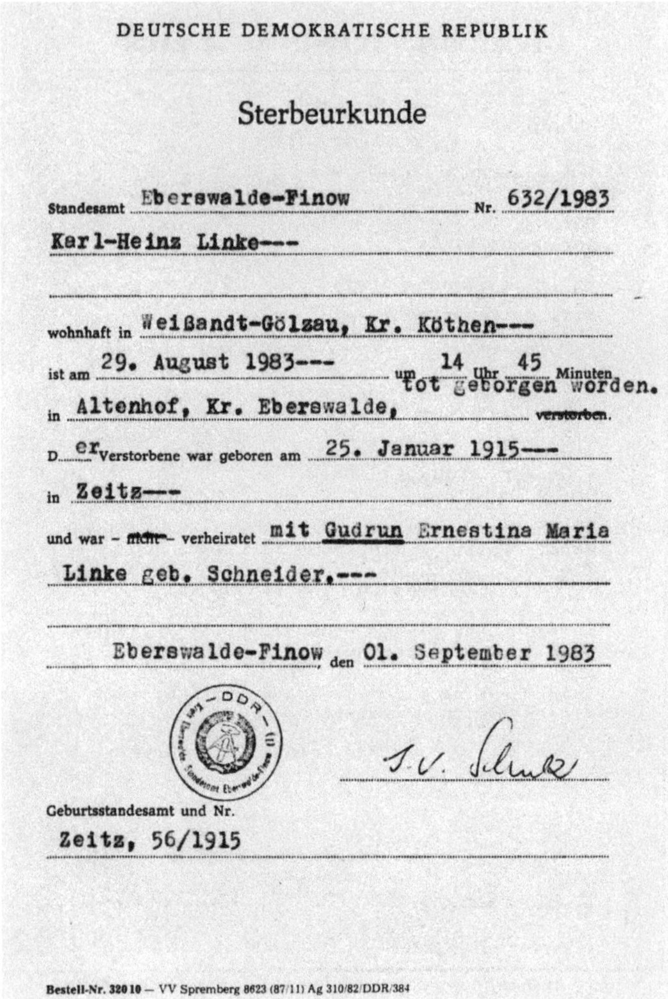

DEUTSCHE DEMOKRATISCHE REPUBLIK

Sterbeurkunde

Standesamt Eberswalde-Finow Nr. 632/1983

Karl-Heinz Linke---

wohnhaft in Weißandt-Gölzau, Kr. Köthen---

ist am 29. August 1983--- um 14 Uhr 45 Minuten tot geborgen worden.

in Altenhof, Kr. Eberswalde, ~~verstorben~~.

Der Verstorbene war geboren am 25. Januar 1915---

in Zeitz---

und war - ~~nicht~~ - verheiratet mit Gudrun Ernestina Maria Linke geb. Schneider.---

Eberswalde-Finow, den 01. September 1983

DDR

i.V. Schulz

Geburtsstandesamt und Nr.

Zeitz, 56/1915

Bestell-Nr. 32010 — VV Spremberg 8623 (87/11) Ag 310/82/DDR/384

Zum Zeitpunkt großer, unter Ausschluss der Öffentlichkeit praktizierter politischer Aktivitäten am Werbellinsee, „tot geborgen worden“ …

Unterwegs …

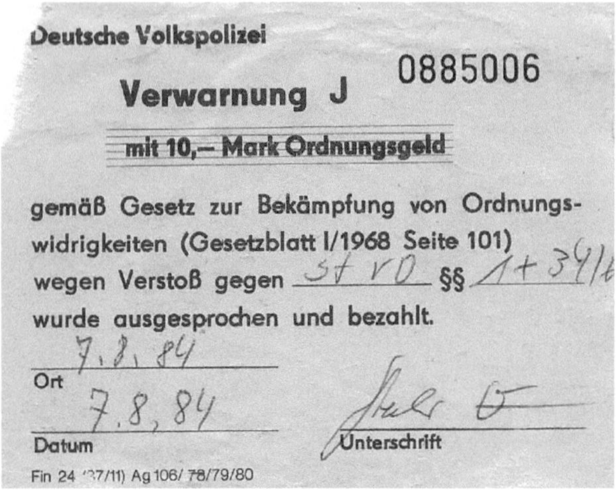

Deutsche Volkspolizei

Verwarnung J 0885006

mit 10,– Mark Ordnungsgeld

gemäß Gesetz zur Bekämpfung von Ordnungswidrigkeiten (Gesetzblatt I/1968 Seite 101) wegen Verstoß gegen StVO §§ 1 + 34/[illegible] wurde ausgesprochen und bezahlt.

7.8.84
Ort

7.8.84
Datum

Unterschrift

Fin 24 [illegible]37/11) Ag 106/ 78/79/80

Trampen war teuer

Mit Freundin Tina am Werbellinsee

Mit Bruder Jürgen und Freundin Angela in Prag

Mit Freundin Angela in Berlin

1985 – mit Joachim

BStU Anlage 10, 2 Blatt

Zentralarchiv

MfS - ZKG

Nr. **3536**

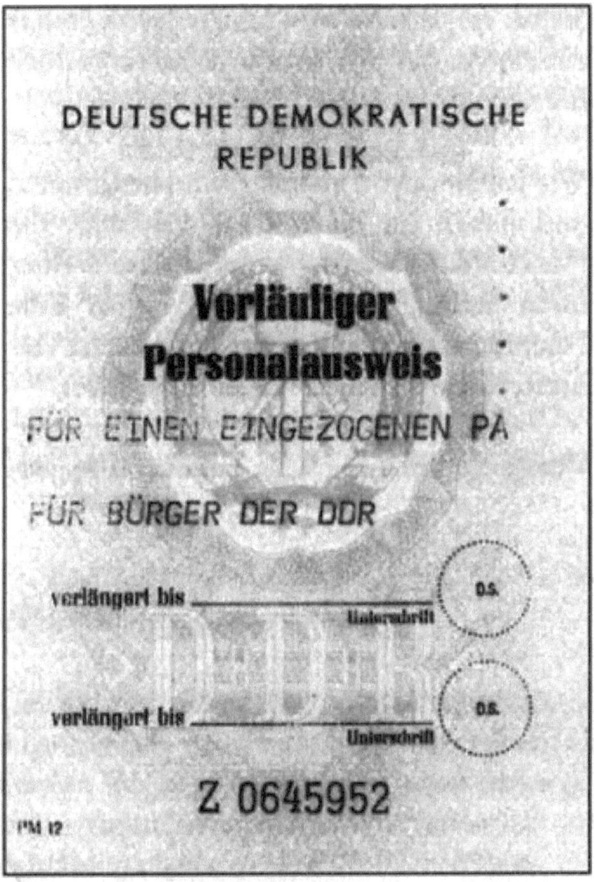

DEUTSCHE DEMOKRATISCHE REPUBLIK

Vorläufiger Personalausweis

FÜR EINEN EINGEZOGENEN PA

FÜR BÜRGER DER DDR

verlängert bis ______ Unterschrift D.S.

verlängert bis ______ Unterschrift D.S.

Z 0645952

PM 12

Der PM 12 wurde anstelle des aus politischen Gründen eingezogenen Personalausweises ausgegeben. Der Besitzer eines PM 12 war also faktisch vorverurteilt: Er musste sich regelmäßig auf dem Revier der Volkspolizei melden und durfte die Stadt nicht mehr verlassen.

Der lange Arm der Macht

Tante Hilla musste zurückbleiben. Sie versprach, uns bald zu besuchen, denn dies war Rentnern erlaubt, wurde jedoch, wie wir bald erfahren mussten, in diesem unserem Falle nicht gestattet. Die Behörde lehnte den Besuchsantrag dieser alten Dame, unserer lieben Tante Hilla, selbst im Sommer '89 noch ab. Dabei stand das Land kurz vor dem Zerfall!

Davon merkte ich allerdings bei meiner Ausreise am 15. Juni noch nichts. Erich Honecker hatte noch im Januar jenes Jahres erklärt: „Die Mauer wird in fünfzig und auch in hundert Jahren noch bestehen bleiben!" Die Führung der russischen Besatzungszone und deren Handlanger zeigten Härte, und Proteste gegen das Regime versuchte man im Keim zu ersticken. Ich jedenfalls bekam meine Entlassungsurkunde.

„Frau Ulrike Linke wird am 15.06.1989 aus der Staatsbürgerschaft der DDR entlassen, mit ihr ihr Sohn Maximilian Linke." – So oder so ähnlich stand darin geschrieben.

Eine alte treue Freundin, übrigens die Ehefrau meines Klavierlehrers, der so viel vergebliche Liebesmüh an mein nicht vorhandenes Talent im Tastenspiel verschwendet hatte, brachte uns im Trabi zum vorgeschriebenen Bahnhof, der sich in Weißenfels befand. Tante Hilla und meine Mutter waren mit von der Partie. Jürgen, mein Bruder, konnte nicht, er wurde just an diesem Tag am Auge operiert. Den Termin hatte er sich übrigens nicht selbst ausgesucht. Wer könnte wohl dafür verantwortlich gewesen sein? Ich glaube, Sie wissen schon …

Der Abschied am Bahnhof hätte einer für immer werden können, davon mussten wir ausgehen und waren alle dementsprechend betrübt. Dann kam der Interzonenzug, so hießen die

Züge der Deutschen Reichsbahn in Richtung Westen, ich stieg mit Mäxchen und meinen Ausbürgerungspapieren hinein und ward nie wieder gesehen. Das könnte man so meinen, jedoch kam etwas dazwischen, nämlich die Auswirkungen der Perestroika des Michail Gorbatschow in der DDR.

Die Ausreise verlief wie von den Genossen geplant. Wir hatten Stehplätze bis Gießen, unserem Ankunftsort. Mein Mäxchen war gottlob ein sehr pflegeleichter, inzwischen fast zweijähriger Junge, der brav auf meinem Arm ausharrte und lediglich knörte, wie unsere liebe Tante Hilla dies jägersprachlich zu bezeichnen pflegte, wenn seine Saftflasche, Multivitamin „Made in GDR", leergetrunken war.

Die liebe Tante Hilla, wie mochte es ihr wohl nun ergehen? Mein Gewissen plagte mich gewaltig. Sie blieb einfach zurück, und ich begab mich in unbekanntes Fahrwasser. Konnte das gut gehen? Ich hoffte es. Schließlich sollte mein Mäxchen ja einer fröhlichen Zukunft entgegensehen und all die Chancen bekommen, die meinem Bruder und mir verwehrt geblieben waren.

Es kam, wie es kam, und irgendwann kamen wir an. Auf fremdem Territorium. Joachim erwartete uns. Mäxchen wusste gar nicht, wer das war. Ich, ehrlich gesagt, auch nicht mehr so richtig. Es dauerte eine Weile, bis der Kleine seinen Vater nicht mehr mit Onkel Papa ansprach.

Nach kurzem Aufenthalt im Flüchtlingslager Gießen begann unser Leben zu dritt, im beschaulichen Schwarzwald, in einer viel zu kleinen und wahrlich unschönen Wohnung am Rande von Baden-Baden. „Der Zweck heiligt die Mittel", und Mäxchen sollte es einmal besser haben als ich. Das war meine Devise, und alsbald hatte ich einen Job als Kinderkrankenschwester im städtischen Krankenhaus. Ein Alptraum war wahr geworden! Aber es half nichts. Joachim hatte kein Geld, und ich war durchs Arbeitsamt vermittelbar. Also legte ich los, Frühdienst, Spätdienst, Nachtdienst, ich war im Paradies angekommen.

Joachim indes entwickelte sich zum ambitionierten Vater.

Er holte mit Mäxchen nach, was er fast zwei Jahre versäumt hatte. Die zwei streiften durch Wald und Flur, gingen auf Entdeckungsreise, machten Rast an schattigen Plätzen und genossen ihre neugewonnene Vater-Sohn-Beziehung, Mäxchen, der kleine Mensch und Joachim der große. Jede Woche besuchten sie mindestens einmal den Zoo, fütterten dort die fetten Karpfen, besuchten alle Tiere, fuhren mit dem Bötchen und kamen am Abend überglücklich zurück nach Hause. Auch ich kam zurück nach Hause, geschafft vom Job und so gar nicht glücklich, aber so ist das manchmal im Leben.

Irgendwann wurde es meiner lieben Tante Hilla gestattet, uns doch noch besuchen zu dürfen. Es muss wohl so Ende August 89 gewesen sein. Wie freute ich mich riesig auf sie! In ihrem hohen Alter nahm sie eine beschwerliche Reise auf sich und musste zigmal umsteigen. Inzwischen machte sich irgendwie das nahende Ende des Arbeiter-und-Bauern-Paradieses bemerkbar. Sozialismusfremde Tendenzen wurden beobachtet, die DDR-Regierung nahm sogar erstmals offiziell Stellung zum Fluchtproblem. Es herrschte also eine Art des Durcheinanders, das bald Ost- und Westdeutschland wiedervereinen sollte. Aber davon werde ich, auf jeden Fall vielleicht später berichten.

Tante Hilla war bei uns, so, als wäre sie nie weggewesen, oder besser gesagt, als wäre ich nie weggewesen. Sie war glücklich, Mäxchen war glücklich, ich war glücklich und Joachim war es auch, denn Tante Hilla war nicht nur mein Goldschatz. Sie war überaus pflegeleicht, schlief auf einem klapprigen Sofa und bereicherte uns mit ihrer Anwesenheit. Stunde um Stunde konnte sie unserem kleinen Mäxchen vorlesen. Er beherrschte dadurch mit seinen zwei Jahren bereits Gedichte und zahllose Kinderlieder. Waren wir mit dem Auto unterwegs, saß Tante Hilla hinten neben ihm, hielt seine kleine Hand und war zufrieden, so wie er übrigens auch.

Einmal besuchten wir vier die schöne Stadt Straßburg, bummelten durch die malerischen Gassen, machten eine Bootsfahrt auf dem Flüsschen Jll und kehrten abends in einem Restaurant ein. Tante Hilla, bescheiden wie eh und je, bestellte sich ein Omelett, Mäxchen einen Pinocchio-Teller, keinen mit einer Holzpuppe, sondern mit kindgerechter Kost, und Joachim und ich bestellten irgendetwas. Serviert wurden daraufhin Innereien, einer von uns bekam Rinderhirn, der andere was mit Schweinenieren. Von der französischen Küche hatten wir wahrlich anderes erwartet, wir konnten unseren Gerichten keinen Genuss abgewinnen. Schuld waren wir selbst, denn da wir der französischen Sprache nicht mächtig waren und die Speisekarte nicht ins Deutsche übersetzt worden war, passierte uns dieses Missgeschick, was Tante Hilla mit Verwunderung zur Kenntnis nahm. Sie, die Bescheidene, konnte nach so vielen Jahren die in der Fremdsprache verfasste Karte mühelos lesen und übersetzen. Wir zwei Eselchen hätten sie nur fragen müssen, dann wären auch auf unseren Tellern appetitanregende Speisen serviert worden. Wie konnten wir nur vergessen, dass unserer Hilla noch vor der kommunistischen Diktatur, die keinen Wert auf jene schöne Sprache legte, eine gute Bildung zuteilwurde.

Langsam näherten wir uns dem Herbst anno 1989. Meine Mutter und meinen Bruder Jürgen hatte ich seit meiner Ausreise nicht mehr gesehen, ich durfte ja nicht „rüber“ und sie mussten „drüben“ bleiben. Also schrieben wir uns Briefe, ich schickte Fotos vom Mäxchen und berichtete ausführlich vom neuen Leben. Davon, dass mir meines wenig Freude bereitete, schrieb ich kein Wort. Mir gefiel es nicht im Schwarzwald, mir gefiel es nicht in der neuen Wohnung, mir gefiel es nicht im neuen Job, und mit Joachim zu leben, gefiel mir auch nicht sonderlich. Aber darum ging es nicht. Mäxchen sollte es schließlich einmal besser haben als ich.

Und dann kam der Herbst. Ich erinnere mich an jenen Tag, als wäre es gestern gewesen. Wir saßen am Abend des 9. November

1989 vor dem Fernseher und erfuhren, dass die Mauer gefallen sei. Eigentlich hätte ich nun Freudensprünge vollführen müssen, jedoch mein erster Gedanke war: „Da hätte ich mir das Ganze ja ersparen können!“ Hatte ich aber nicht, also schaltete ich meine Gehirnzellen um und freute mich ein bisschen.

Die Wende

Wenn Systeme sich vereinen
kann daraus was Großes werden,
doch für uns begann ein Alptraum
statt dem Himmelreich auf Erden.

Anfangs dachten wir, das wird schon,
später, sowas gibt‘s doch nicht,
ganz zum Schluss kam die Erleuchtung,
Resümee aus unsrer Sicht:

Erst verlierste dort im Osten
fast Dein ganzes Hab und Gut,
dann das restliche im Westen,
zeig nun Haltung anstatt Wut.

Lass die Bösewichte wüten,
lass Dich nie mit denen ein,
bist bis heut Dir treu geblieben,
wer einst Schwein war, bleibt ein Schwein.

Auf jeden Fall rückte dadurch ein Wiedersehen mit meinen Daheimgebliebenen, also mit meiner Mutter und meinem Bruder, in greifbare Nähe. Bald konnten wir uns alle wieder besuchen, und dieses war wirklich ein deutsch-deutscher Gewinn.

Neues Land, altes Leid

Von nun an konnte auch unser niemals enden wollender Kampf um die Familienvilla in Zeitz weitergehen. Ich hatte wieder Hoffnung, mein verlorengegangenes Mitspracherecht, um das mal so zu bezeichnen, geltend zu machen. Mit meiner Ausreise in den Westen und der damit verbundenen Aberkennung der Staatsbürgerschaft der DDR hatte ich nur ein paar Monate zuvor höchstpersönlich alle meine Ansprüche verwirkt. Inzwischen bestand aber tatsächlich wieder Grund zu der Annahme, dass wir den Eigenbedarf am Anwesen des Großvaters nach lebenslangem vergeblichem Kampf unseres Recken Karl-Heinz nun endlich anmelden und seinen Traum vom Mehrgenerationenhaus wahr werden lassen könnten. Es wäre ja herinnen Platz für uns alle gewesen. Auch Joachim war begeistert und plante nun mit uns die Rückkehr ins gute alte Zeitz. Aber wieder einmal hatten wir uns getäuscht. Die Jünger der Musikschule blieben, wo sie waren, nämlich in unserer Immobilie.

Ein neugewählter Stadtrat verlangte von meinem Bruder gar die Aufnahme eines Kredites von 100.000 DM, um das einstige Schmuckstück in einen brauchbaren Zustand versetzen zu können. Es war unglaublich. Die Zeiten hatten sich geändert, jedoch die Machenschaften nicht!

Schweren Herzens beauftragten wir einen Juristen, einen von „drüben", einen, mit dessen Großeltern, die bis 1945 in Zeitz lebten, Oma Trudel befreundet gewesen war. Der Kreis sollte sich schließen, und wie er sich schloss! Der Jurist entpuppte sich bald als unbegabter und als ein nicht gerade vom Ehrgeiz getriebener Vertreter seiner Zunft. Er vermasselte alles, versäumte Fristen und Gerichtstermine, für die wir im

Anschluss reichlich Bares zu entrichten hatten. Zum Glück hatte der tüchtige Advokat alsbald eine Lösung parat, denn die Jünger der Musikschule waren inzwischen aus freien Stücken ausgezogen, weil die Stadt im Zuge der Wende ein anderes Objekt erworben hatte. Der Onkel des Juristen wollte das Haus kaufen. Für uns blieben somit anstatt der Immobilie die Kosten fürs Gericht, das stattliche Honorar des Advokaten und das seines Gefolges, nämlich zahlreicher kostspieliger Gutachter. Da wir nun buchstäblich am Ende waren, stimmten wir zu. Das wars dann wohl, sollte man meinen, aber davon werde ich später berichten.

Die Familienvilla hatten wir Hinterbliebenen also nie kennenlernen dürfen. Erst war Vater Staat dagegen, nun gehörte sie einem anderen, was für ein Pech. Manch Zeitgenosse, den ich auf meinem bislang steinigen Lebensweg kennenlernen durfte oder musste, hätte dies zum Anlass genommen, den nächstgelegenen Baumarkt aufzusuchen, um sich einen Strick solider Qualität zu kaufen und damit dem ganzen Irrsinn ein Ende zu bereiten. Wir jedoch hofften aufs Gute und kämpften weiter, diesmal um die Miete für die Villa, die seit über vierzig Jahren auf ein Sperrkonto der Staatsbank der DDR in Naumburg geflossen war und dort auf sozialistische Art und Weise für die Immobilienbesitzer „eingefroren" und verwaltet wurde. Vom angesparten Guthaben hätten wir alle uns zumindest eine Miniatur des Mehrgenerationenhauses erschaffen können, aber schon bald wurden wir eines Besseren belehrt. „Eingefroren" war nämlich gar nichts mehr, nicht mal ein Pfennig wartete zur Abholung auf einen von uns. Mit der Wende vollzog sich die Schmelze des „Eingefrorenen". Es war weg, und die Bestimmer der Geschicke der ehemaligen Familienvilla und Musikschule hatten sich flugs von dannen geschlichen, meist ins alte Bundesgebiet. Nach dem 2. Weltkrieg zog es manch Zeitgenossen doch eher nach Südamerika, aber das war selbstverständlich ein anderes Kapitel!

Ab dato pendelten wir wieder öfter zwischen dem finsteren Schwarzwald und dem ehemaligen Dunkeldeutschland, wie mancher im Westen den ostdeutschen Landstrich abwertend nannte. Es gab viel zu besprechen mit meinen Lieben in Zeitz. Mäxchen fühlte sich pudelwohl in Omas Garten und für Tante Hilla hatten wir inzwischen eine kleine Wohnung in einer Seniorenwohnanlage eingerichtet. Mit über 80 Jahren bewohnte sie fortan die erste eigene Wohnung, Tante Hilla war überglücklich! Wir übrigens auch. Zum einen, weil sie auf ihre alten Tage noch einmal so frohgemut wie ein junges Mädchen wirkte, zum anderen, weil unser Mäxchen im Juni ein kleines Schwesterchen, unsere Victoria bekommen hatte. Nun waren wir zu viert. Das fühlte sich richtig gut an, und so ist es bis heute geblieben. Es gab also zumindest einen beständigen Faktor in meinem durcheinandergeschüttelten Leben, die zwei Kinder und Joachim, der sich mit den Jahren zu einem tauglichen Weggefährten und Vater entwickelt hatte.

Die Wendejahre waren für meine Lieben in Zeitz keine einfachen, alles schien möglich, Hasardeure waren überall anzutreffen, Freundschaften zerbrachen und windige Geschäftsleute eröffneten Läden, die binnen kürzester Zeit wieder geschlossen wurden. Meine Mutter war zu alt für derartige Spielchen, mein Bruder zu anständig. Tante Hilla besuchte uns, sooft es ging und hatte ihre Freude an unseren beiden Kleinen. Bald konnten wir uns ein Leben ohne sie nicht mehr vorstellen. Wie oft hatte sie spontan eine Fahrkarte gekauft und uns mit ihren lieben Besuchen überrascht. Sie blühte regelrecht auf, versprühte Lebensfreude und übertrug einen Großteil ihrer positiven Energie direkt auf uns. Bis zu jenem Morgen am 3. Juni 1992, sie hatte ihren Besuch bei uns bereits geplant, denn sie wollte Victorias ersten Geburtstag mit uns feiern. Was dazwischen kam, weiß keiner von uns. Eine Nachbarin hatte die Polizei verständigt, da aus Tante Hillas Senioren-Appartement eigenartige Gerüche entströmten. Tante Hilla saß auf dem Sofa, längst mausetot, und keiner wusste, was geschehen war.

Schon wieder galt es, mit einem solch schrecklichen Vorfall weiterleben zu müssen, wir tun das bis heute. Da die Wohnung verschlossen war und die abmontierten Fensterwirbel unauffindbar blieben, bleibt auch dies für uns ein ungelöstes Rätsel.

Hilla

Der Fels in der Brandung
das war der Papá,
doch wenn's einmal brannte,
warst Du für mich da.

Du Liebe, Du Stille,
warst nie prätentiös,
nie zornig und wütend
und selten nervös.

Denn: „Reden ist Silber
und Schweigen ist Gold",
hieß Deine Devise,
egal was ich wollt'.

Du hast's mir ermöglicht
auf gütige Art,
hast Vieles entschärfet,
mir Kummer erspart.

Aus finsteren Fallen
hast Du mich befreit!
Mein Lieblingsmensch Hilla,
Du bleibst alle Zeit.

Die Schutzengel-Tante,
die da war und weise.
Ich hoffe, Dein Ende
kam gütig und leise.

Was sich damals zutrug
auch heut‘, nach zig Jahren
steh‘ ich vor ‘nem Rätsel
und werd‘s nie erfahren!

Mittlerweile bestand meine Herkunftsfamilie nur noch aus drei Personen, aus meiner Mutter, meinem Bruder und mir, ein schmerzlicher Umstand, den wir nicht zu ändern vermochten. Wir rückten noch enger zusammen, verbrachten so viel Zeit wie möglich miteinander und kämpften, so wie es uns Recke Karl Heinz vorgelebt hatte, an allen möglichen Fronten, die nun in der Demokratie vielfältiger geworden waren. Die Ergebnisse jedoch glichen jenen aus finsterer DDR-Zeit aufs Haar, denn man konnte beinahe beliebig oft vor Gericht ziehen, ohne etwas zu erreichen. Selbstverständlich war es erlaubt, in diesem Zusammenhang auf diverse Anwälte zurückzugreifen. Nur musste man, selbst wenn diese durch unprofessionelle Arbeitsweise großen Schaden angerichtet hatten, trotzdem deren Honorare zahlen, um sich später mit den Versicherungen der Advokaten auseinanderzusetzen, die erst für die Unzulänglichkeiten ihrer Zöglinge aufkamen, wenn sämtliche Instanzen durchlaufen worden waren. Man warf also im wahrsten Sinne des Wortes gutes Geld dem schlechten hinterher.

Joachim und ich lebten mit den Kindern im Schwarzwald. Die räumliche Distanz zur alten Heimat, die uns inzwischen immer fremder vorkam mit ihren neuesten Machenschaften, ihrer Treuhand, ihren Kommunisten, die nun plötzlich stolz das Abzeichen der CDU trugen, war bisweilen ein Vorteil. Hier in der bergigen Landschaft Baden-Württembergs interessierten sich nur wenige für die neuen Bundesländer. Somit blieben wir diesbezüglich vor belastenden Fragen und Gesprächen verschont.

Im Sommer 1992 entdeckten wir für uns vier eine kleine Insel der Glückseligkeit. Formentera. Sie wurde bald unser Lieblingsziel. Wann immer auch möglich, nahmen wir unsere beiden Kinder und steuerten mit leichtem Gepäck und Sonne im Herzen auf dieses Kleinod zu. Erst mit dem Flieger, dann mit der Fähre, dann mit einem klapprigen Taxi, es war jedes Mal himmlisch.

Unser Inselchen im Mittelmeer entpuppte sich als ein fabelhafter Genuss. Im Osten Deutschlands gab es einst keine Hippiebewegung. Nun waren wir auf wunderbare Weise in deren Spätlebensform angekommen. Aussteiger hatten sich auf Formentera niedergelassen, es gab Künstler und einen Hippiemarkt hoch droben am Leuchtturm der Insel. Was für ein Lebensgefühl! Wir urlaubten in einfachen Fincas am Strand, sammelten mit den Kindern diverses Strandgut und Muscheln und genossen das Mittelmeer. Morgens gab es Frühstück aus dem Supermercado, auf Formentera damals eher ein Insel-Tante-Emma-Laden, mittags hielten wir Siesta, und später kehrten wir ein. An jedem herrlichen Abend zog es uns in eines der wunderbaren Strandlokale, wo es fangfrischen gegrillten Fisch gab, davor Baguette mit Aioli und danach „Snaps vom Haus“, also Herbes de Formentera. Dieser war für alles gut und selbst nach Verzehr von aufgrund der Hitze Verdorbenem nützlich. Uns konnte also nichts geschehen. Bei jeder Heimreise freuten wir uns bereits aufs nächste Mal!

Den Herbst und den Winter mussten wir zu Hause verbringen, da gab es leider keine Quartiere auf unserer geliebten Insel. Außerdem war unser Sohn nun ein großes Kindergartenkind, ging mit Freude täglich in diese Einrichtung, und ich übte nach wie vor meinen Job in der Kinderklinik aus. Alsbald zogen Erntedank, Advent und Weihnachten ins Land. Zum Christfest besuchten uns meine Mutter und mein Bruder. Wir wohnten inzwischen in einer größeren und weitaus brauchbareren Wohnung. Das neue Jahr begann, und wir vier schmiedeten erneut Urlaubspläne. Formentera hatte es uns wahrlich angetan, deshalb war es wichtig für uns, frühzeitig zu planen und zu buchen.

Bald zog der Karneval ins Land, Fasching, Fastnacht, Fasnet, es gibt so viele Bezeichnungen hierfür, und die Schwarzwälder lassen es diesbezüglich gewaltig krachen. Es gibt eigens dafür gegründete Vereine, Narrenzünfte mit traditionellen Schatulla-Verbrennungen am Aschermittwoch und andere Spezialitäten der badischen neuen Heimat, in welcher sich unser kleines Mäxchen zunehmend wohlfühlte. Seine Schwester Victoria ebenso. Sie war allerdings noch klein, saß im Kinderwagen, lachte viel und schien ihren großen Bruder abgöttisch zu lieben. Immer wollte sie dabei sein, wenn wir ihn zum Kindergarten brachten. So auch an jenem Rosenmontag, dem 22. Februar 1993. Klein Maximilian, er war ja nun groß, wollte als Dinosaurier verkleidet in die Tagesstätte schreiten. Sein Papa Joachim hatte zu diesem Anlass ein fabelhaftes Kostüm für ihn geschneidert. Während dem Saurier das passende Maskenbild verpasst wurde, machte ich Fotos und nebenbei die kleine Victoria startklar, es war schließlich ein kalter Wintertag. Plötzlich klingelte das Telefon, am anderen Ende der Leitung war ein Bekannter meiner Mutter, die ja nach wie vor über keinen eigenen Telefonanschluss verfügte. Er teilte mit, dass mein Bruder verstorben wäre. Der Arzt habe ihn frühmorgens im Bette liegend vorgefunden und nichts mehr für ihn tun können.

Was geschehen war, wusste keiner, ein Selbstmord war ausgeschlossen, eine Krankheit nicht bekannt. Hatten die nach seiner Augenoperation und nach meiner Ausreise verabreichten neuen West-Medikamente etwas damit zu tun?

Mein Bruder zählte dreißig Lenze, die Kripo wurde nicht eingeschaltet, ein Herzstillstand als Ursache fürs Ableben als wahrscheinliche Ursache angesehen. Was sollten wir dazu sagen? Wir befanden uns in einer Schockstarre!

Mein Brief an Jürgen (1962–1993)

Liebster Bruder, uns're Wege
trennten sich vor vielen Jahren.

Seither muss ich hier verweilen,
nur Du bist vorausgefahren
zu den Ahnen, die nicht ahnen,
wie hier alles mir misslingt
und mir aus den Händen gleitet
und oft bis zum Himmel stinkt.

Frag die Ahnen nach 'ner Lösung
oder wenigstens 'nem Tipp,
denn zu Euch kann ich nicht fahren
und Ihr kehrt auch nie zurück!

Schick' die Botschaft in 'ner Flasche
oder mit 'ner Sternenschnuppe
oder schreib' sie in den Himmel
oder in 'ne Nudelsuppe!

Ich werd' sie in jedem Falle
suchen, finden und dann lesen,
wenn ich Glück hab, sie verstehen
und vielleicht daran genesen ...

Never give up

Nun war buchstäblich alles am Ende. Die Hoffnung, die Familie, die Zukunft. Was uns blieb, war eine Vielzahl entsetzlicher Todesfälle, für die es keine Erklärung gab und die uns nicht nur zutiefst erschütterten, sondern auch mit Furcht erfüllten. Wer würde wohl der Nächste sein?

Recke Karl-Heinz war seinem Bruder, unserem Onkel Hans, in die ewigen Jagdgründe gefolgt, dann Oma Trudel, Tante Hilla, nun mein Bruder Jürgen, sie alle hatte der Sensenmann oder einer seiner Stellvertreter geholt. Eine wahrlich unheimliche Häufung von traumatischen Zufällen hatte uns ereilt. Im Grunde waren nun nur noch meine Mutter und ich übriggeblieben. Ob die Zukunft von uns beiden auch demnächst auf dem Friedhof lag, wussten wir nicht. Böse Befürchtungen begleiteten unseren Alltag. Meine Mutter lebte fortan allein in Zeitz und glich einem Phantom. Selbst der geliebte Garten vermochte ihr keinen Funken Freude mehr zu bescheren. Sie verließ die Wohnung so gut wie nie. Ihr einziger Kontakt zur Außenwelt bestand aus mir und meinen Dreien, der Kontakt zur Innenwelt hingegen zu der alten Mitbewohnerin aus dem Sudetenland. Gudrünchen wollte nicht mehr, sie konnte nicht mehr, sie hatte alles verloren, und ich war weit weg, also für sie auch so gut wie verloren.

Schnell musste eine Lösung gefunden werden. Die Vorstellung, unser Gudrünchen nun auch bald auf dem Gottesacker besuchen zu müssen, erschien uns unerträglich. Also handelten wir, taten, was zu tun war, bezogen ein Haus mit einer kleinen Wohnung für sie und holten sie in den Schwarzwald. Schon wieder eine Notlösung!

Fortan fand unser Projekt Mehrgenerationenhaus im Baden-Badener Rebland statt. Wir hatten unsere ursprünglichen Lebens- und Zukunftspläne ad acta gelegt und organisierten unser Miteinander jeden Tag neu. Die Kinder freuten sich sehr, Oma Gudrun bei sich zu haben. Alsbald wurde sie eine von ihnen. Sie konnte stundenlang Geschichten vorlesen und Märchen erzählen, Süßigkeiten verteilen und Kinderspiele spielen. Ein Leben als Erwachsene lehnte sie von nun an ab. Diese hatten ihr während der letzten Jahrzehnte zu übel mitgespielt, deshalb konnte sie einfach keine von denen mehr sein.

Unseren beiden Kinderchen, also Maximilian, der nun kein Mäxchen mehr war, und seiner Schwester Victoria, kam dies, bei aller Tragik, zugute. Ihre Großmutter hatte immer für sie Zeit, stets ein offenes Ohr für ihre Belange und zu jeder Uhrzeit Gummibärchen oder Gummischweineköpfe zur Hand. Die beiden Sprösslinge mussten unter ihrer Obhut weder pünktlich zu Bett noch morgens in die Schule gehen, wenn sie ein klitzekleines Unwohlsein zu verspüren glaubten. Bloß nichts riskieren, hieß Oma Gudruns Devise. Passiert war in ihrem Leben wahrlich schon mehr als genug! Also entwickelte sie beachtliche Fähigkeiten als Ausredenerfinderin, was die Kinderchen mit ausgesprochener Bewunderung quittierten.

Ich war nach wie vor berufstätig, Joachim oft als Künstler auf der Suche nach Engagements unterwegs, und Oma Gudrun hatte zu Hause alles im Griff. Jedenfalls nahm keiner je Schaden, und das war in unserem Fall schon ein sehr glücklicher Umstand. Zu unserem Haushalt gehörten zwei Hunde und bisweilen Formentera-Katzen, die wir als Lebensretter vom Lieblingsinselchen mitbrachten, und die uns allen Gesellschaft leisteten, das heißt, wenn sie Lust dazu hatten. Oma Gudrun empfing auch all diese vierbeinigen Geschöpfe mit offenen Armen und einer ebensolchen Wohnungstür, und sämtliche Fellnasen hatten wiederum unsere Oma Gudrun ins Herz geschlossen. Bei ihr durften sie Tier sein und sich schütteln und kratzen. Sie teilte abends sogar ihre geliebten Wiener Würstchen mit ihnen. Nur an die Vergangenheit wollte sie nicht erinnert werden, dieses Kapitel lag festverschnürt in einer Schublade ihres Lebens.

Zusammenfassend kann man wohl sagen, die Kinder durften Kind sein, die Tiere durften Tier sein, und die Kirche ließen wir im Dorf. Keiner von uns strebte nach einer erfolgreichen Zukunft. Wir wollten nur sein und die Kinder werden sehen. Die fragile Vergangenheit trug diesbezüglich gewiss eine Verantwortung. Unsere juristischen Kämpfe führten wir jedoch fort, es ging schließlich um viel. Also unternahmen wir auch viel.

Letztendlich verfolgten wir ein gemeinsames Ziel, das geschehene, nachweisbare Unrecht rehabilitiert zu wissen und das geschehene, nicht nachweisbare Unrecht nachweisen zu können. Gesetze zu diesem Zwecke galten nach der Wende bekanntlich als beschlossene Sache. Jedoch in unserem Fall sollten auch diese keine Anwendung finden, aber in den jungen Tagen der gemeinsamen kunterbunten Republik ahnten wir davon noch nichts.

Wir wandten uns im Laufe der Nachwende über viele Jahre hinweg an Opferberatungsstellen, Kanzler*innen, Minister, Bundestagsabgeordnete und andere wichtige Ordensträger. Nur die vom Karneval ließen wir aus, obgleich diese uns vielleicht erheitert hätten. Fast alle drückten ihr Bedauern über ihre Nichthandlungsfähigkeit aus, schritten an Mauerfall- und anderen Gedenktagen zur ehemaligen innerdeutschen Grenze, hielten blumige Reden und verneigten sich symbolträchtig vor den Opfern der DDR- und Stasidiktatur. In dieser Verneigung harrten sie so lange aus, bis sie später die Post mit banalen Floskeln beantworteten und unsere Schreiben anschließend dem Reißwolf zum Fraße vorwarfen.

Ja, nach der Wende gab es für sie wahrlich Wichtigeres zu tun, als sich mit den Schweinereien von einst zu befassen, und damals war schließlich auch nicht alles schlecht gewesen, basta!

Unerschütterlich in unserem Glauben an Gerechtigkeit kämpften wir indes weiter. Advokaten gab es im vereinten deutschen Vaterland reichlich. Wir konsultierten viele, beauftragten im Laufe der Jahrzehnte einige und hatten wohl immer die falsche Wahl getroffen. Dieses Kapitel würde vermutlich ein weiteres literarisches Werk füllen, vielleicht sogar einen Ratgeber, aber ich möchte nicht vom Wesentlichen abschweifen.

Meine Mutter verbrachte noch weitere siebzehn Lebensjahre mit und bei uns im Schwarzwaldhäuschen. Im siebenundachtzigsten Lebensjahr schlief sie friedlich ein und begab sich auf die Reise zu ihrem Recken Karl-Heinz und zu all den anderen Ahnen, die oben auf sie warteten.

Mein Fünfzigster

Ich träumte, dass mir eins gelinge:
Statt Rosen, Schmuck und andrer Dinge
nur einmal noch im Erdenlande
'ne Tafel der Familienbande!

Ganz vorne säße der Papá,
der viel zu kurz nur bei mir war,
daneben seine Schwester Hilde,
mir gegenüber, links im Bilde,
mein Bruderherz, wie wunderbar,
und nebendran die Omama.
An ihrer Seite, treu wie Gold,
mein Mütterlein, so blond und hold!

Ich würde Köstliches anrichten,
für jeden eine Hymne dichten,
die Tafel mit Juwelen schmücken
und alle an mein Herzchen drücken.

Es bleibt ein Traum, 'ne Wunschgeschicht',
und ich, ich fei're wieder nicht.
Erhebt das Glas im Himmel droben,
wir holen's nach, bin ich erst oben.

Eure Ulrike Brigitte Gertrud Linke

Wir blieben zurück, und mir blieb die Erkenntnis, dass es auch eine würdige Form des Abschiednehmens geben kann, aber dazu muss man vielleicht ein Glückskind sein. Ein solches ist meine Mutter gewiss nicht gewesen, und auch mir legte keine gute Fee diesen Wegbegleiter in die Wiege. Ich weiß allerdings nicht, was noch kommen wird. Vielleicht findet meine Geschichte eines Tages sogar eine fröhliche Fortsetzung.

Die letzte Ruhestätte meiner Mutter befand sich in Zeitz auf dem alten Friedhof, auf dem ich zahlreiche Bekannte und Verwandte hatte, auf welchem ich mich, dank Tante Hillas Erzählungen, hervorragend auskannte und mit den Bewohnern verbunden fühlte. Wir fuhren zum letzten Geleit in die alte Heimat. Oma Gudrun war bei uns, sie befand sich, gut angeschnallt, auf dem Rücksitz zwischen den Kindern in einer Urne. Wir alle waren sehr betrübt, hätten sie lieber plaudernd und Gummibärchen verteilend in unserer Mitte gewusst, aber so ist unser Leben, irgendwann ist Schluss damit.

Ihren Garten mit dem idyllischen Häuschen wollten wir ehren, unsere Ferien in ihm verbringen, abends Würstchen grillen und morgens Brötchen beim Bäcker meines Vertrauens, einem, den ich noch aus meiner Kinderzeit kannte, kaufen. Das dies fortan nicht mehr möglich sein sollte, erfuhren wir noch vor Ort.

Das Gartenhaus war Opfer von Vandalen geworden, die es letztendlich in Schutt und Asche gelegt hatten, selbst stadtbekannt, jedoch mittellos waren, somit also auch nicht wirklich zur Verantwortung gezogen werden konnten. Und wir, wir hatten eine schwere bittere Lektion gelernt: Nichts, aber auch gar nichts hat im Leben Bestand!

Trotzdem kämpfen wir auch heute noch um Gerechtigkeit, nicht in Bezug aufs Gartenhaus, das wäre verlorene Lebensmüh, aber um die Rehabilitierung aller durch Schurkenhandlungen angerichteten Katastrophen der vergangenen Jahrzehnte.

Unsere Kinder sind erwachsen und wir zwei sind alt geworden. Die Haare fallen aus, die Zähne tun's ihnen gleich, die Knochen knacken, ach ja, und die Augen wollen auch nicht mehr so recht, aber sie sehen noch genug, um weiterzukämpfen!

WIR ZWEI
... ein altes Ehepaar ...

Wir, als altes Ehepärchen,
sind wie zwei zerlatschte Schuhe,
die bringt keiner auseinander,
geh'n in einträchtiger Ruhe
wie Gefährten, wie Geschwister,
manchmal wie zwei Spießgesellen
oder wie zwei alte Hunde,
die verlernten, laut zu bellen.

Jeder Tag verläuft im Einklang,
jeder Schritt wird angepasst,
längst hat man das liebgewonnen,
was man einst am Andern hasst'.

Ach, die Tube mit der Zahncreme
ist heut sowas von egal.
Früher führte sie zum Kampfe,
jetzt erscheint sie uns banal.

Oder Eier, die zum Frühstück
man aufklopfte oder pellt',
das gab einst 'ne Katastrophe.
Heut zählt nur die kleine Welt
zwischen gestern, jetzt und morgen,
zwischen Hexenschuss und mehr ...
... und man fühlt sich fast geborgen,
und man mag den andern sehr.

Sicher sind die besten Jahre,
wie man sagt, längst absolviert,
uns fehlt mehr als ein paar Haare,
doch noch Einiges passiert …

Ich hab 'nen Arthrose-Daumen,
vielleicht Rheuma oder Gicht?
Du hilfst, Gläser aufzuschrauben,
mit dem Daumen geht das nicht.

Du trägst eine Lesebrille,
und ich les das Etikett,
denn Dir nützt die Lesebrille
nur beim Schriftbild Marke FETT!

Welkes Fleisch verziert die Hüften,
schwabbelt vorn, direkt am Bauch.
Es bewohnt noch andre Zonen,
wo man's eigentlich nicht brauch'.

Nachmittags dreh'n wir 'ne Runde
durch den schönen grünen Park
wie zwei graue, müde Hunde …,
kaufen heimwärts Magerquark!

Der liegt nicht so schwer im Magen,
drum gibt's den zum Abendbrot.
Ja, wir zwei sind alt geworden,
doch bislang kein bisschen tot!

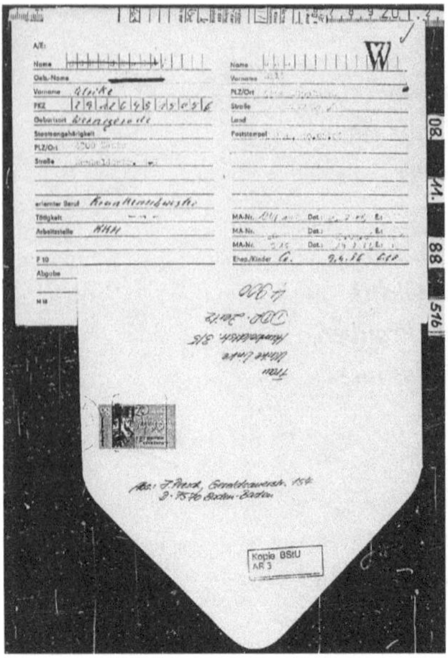

Überwachung der Ulrike Linke

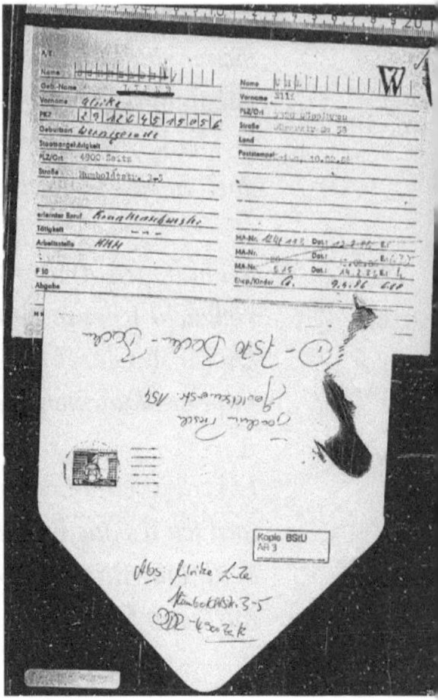

Überwachung des Joachim Presch

0E 11979/89 (2) 509 380 10/2

Vorschlag zur Genehmigung der ständigen Ausreise (Eheschließung) nach BRD:

1. Personalangaben zu den Antragstellern — Anträge entgegengenommen: 31.1.89

   (1) Linke, Ulrike — Kinderkrankenschwester
   PKZ: 291264515056 geb. Wernigerode — Kreiskrankenhaus Zeitz, Röntgenstr. 1

   (2) Linke, Maximilian
   PKZ: 270887415032 geb. Zeitz

   Humboldtstr. 3 - 5
   Zeitz, 4900

2. Zu wem soll die ständige Ausreise erfolgen:
   zum zukünftigen Ehemann und Kindesvater

   Presch, Joachim
   geb. am 29. 7. 1956
   Geroldsauerstr. 154
   D-7570 Baden-Baden

3. Begründung des Antragstellers:
   - Frau Linke möchte mit dem Kindesvater und Verlobten, der im Dez. 1987 bei einer Besuchsreise die DDR illegal verlassen hat, eine Fam. gründen. Seit dieser Zeit bestehen ständige briefliche Kontakte. Er ist ständig bemüht, die Fam. Linke mit materiellen Gütern zu versorgen. Das gemeinsame Kind hat eine noch tiefere Bindung hervorgerufen. Sie wollen gemeinsam in der BRD leben.

BStU 000021

Auszug aus interner Empfehlung nach Ausreiseantrag

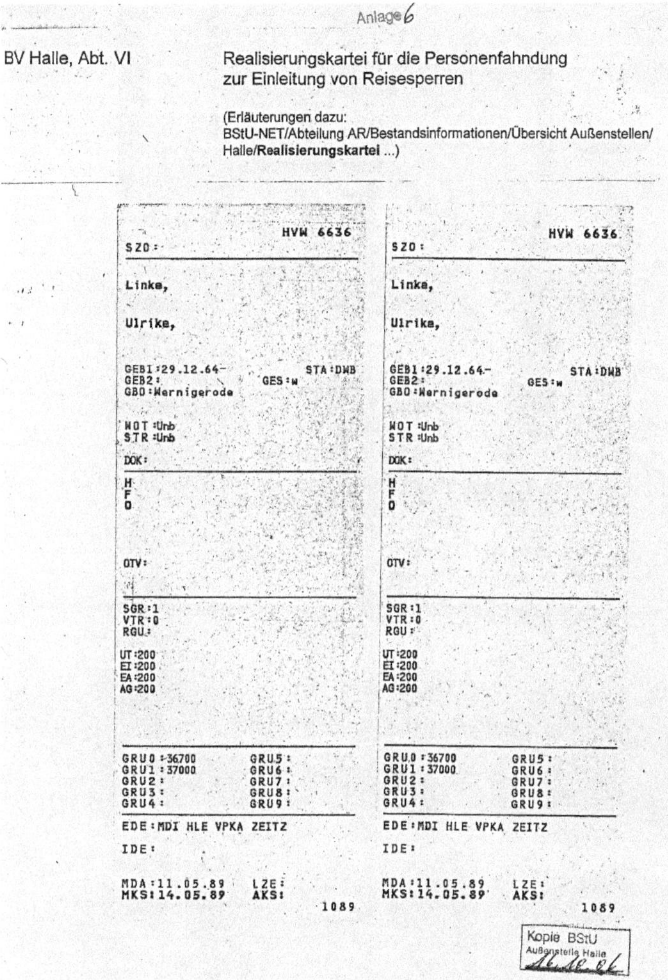

Anlage 6

BV Halle, Abt. VI

Realisierungskartei für die Personenfahndung zur Einleitung von Reisesperren

(Erläuterungen dazu:
BStU-NET/Abteilung AR/Bestandsinformationen/Übersicht Außenstellen/Halle/**Realisierungskartei** ...)

HVW 6636
SZO:

Linke,

Ulrike,

GEB1:29.12.64- STA:DWB
GEB2: GES:w
GBO:Wernigerode

WOT:Unb
STR:Unb

DOK:

H
F
O

OTV:

SGR:1
VTR:0
RGU:

UT:200
EI:200
EA:200
AG:200

GRU0:36700 GRU5:
GRU1:37000 GRU6:
GRU2: GRU7:
GRU3: GRU8:
GRU4: GRU9:

EDE:MDI HLE VPKA ZEITZ

IDE:

MDA:11.05.89 LZE:
MKS:14.05.89 AKS:
1089

HVW 6636
SZO:

Linke,

Ulrike,

GEB1:29.12.64- STA:DWB
GEB2: GES:w
GBO:Wernigerode

WOT:Unb
STR:Unb

DOK:

H
F
O

OTV:

SGR:1
VTR:0
RGU:

UT:200
EI:200
EA:200
AG:200

GRU0:36700 GRU5:
GRU1:37000 GRU6:
GRU2: GRU7:
GRU3: GRU8:
GRU4: GRU9:

EDE:MDI HLE VPKA ZEITZ

IDE:

MDA:11.05.89 LZE:
MKS:14.05.89 AKS:
1089

Kopie BStU
Außenstelle Halle

Einleitung der Personenfahndung bereits einen Monat vor Ausreise

Sohn Maximilian mit seinem Onkel Jürgen und einer glücklichen Tante Hilla

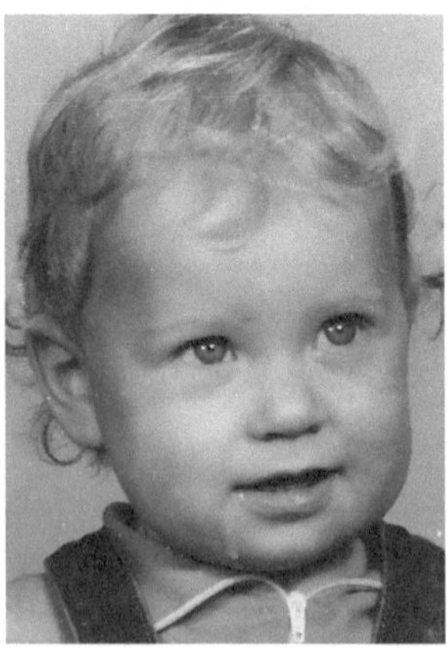

Maximilian Linke vor der Ausreise

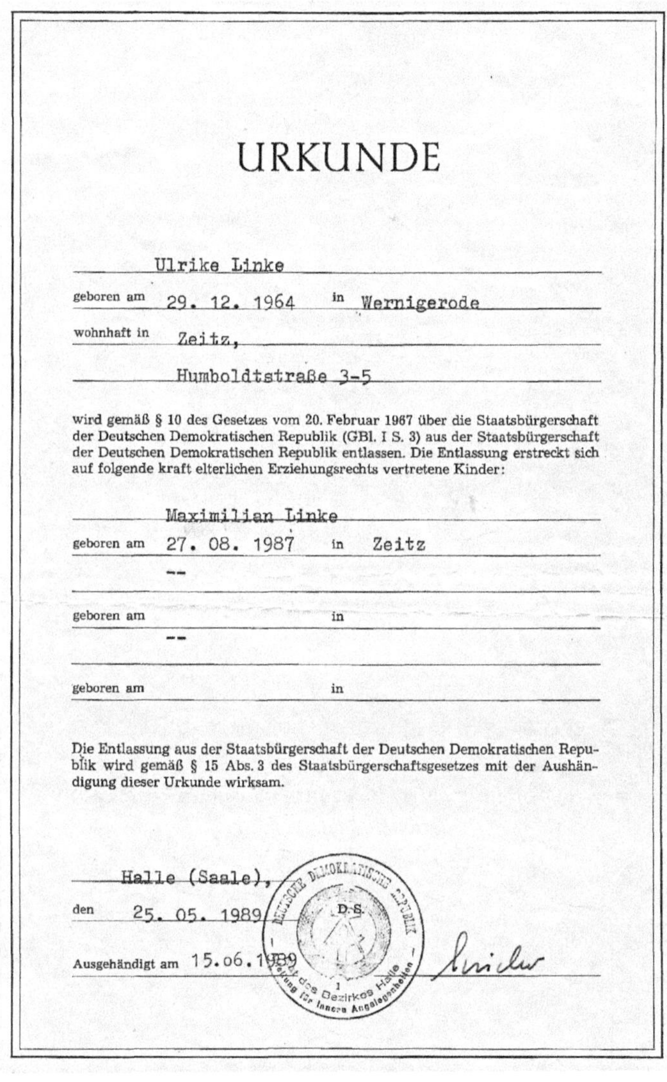

URKUNDE

Ulrike Linke

geboren am 29. 12. 1964 in Wernigerode

wohnhaft in Zeitz,

Humboldtstraße 3-5

wird gemäß § 10 des Gesetzes vom 20. Februar 1967 über die Staatsbürgerschaft der Deutschen Demokratischen Republik (GBl. I S. 3) aus der Staatsbürgerschaft der Deutschen Demokratischen Republik entlassen. Die Entlassung erstreckt sich auf folgende kraft elterlichen Erziehungsrechts vertretene Kinder:

Maximilian Linke

geboren am 27. 08. 1987 in Zeitz

--

geboren am in

--

geboren am in

Die Entlassung aus der Staatsbürgerschaft der Deutschen Demokratischen Republik wird gemäß § 15 Abs. 3 des Staatsbürgerschaftsgesetzes mit der Aushändigung dieser Urkunde wirksam.

Halle (Saale),

den 25. 05. 1989

Ausgehändigt am 15.06.1989

Staatenlos mit der Entlassung aus der Staatsbürgerschaft der DDR am 15.06.1989

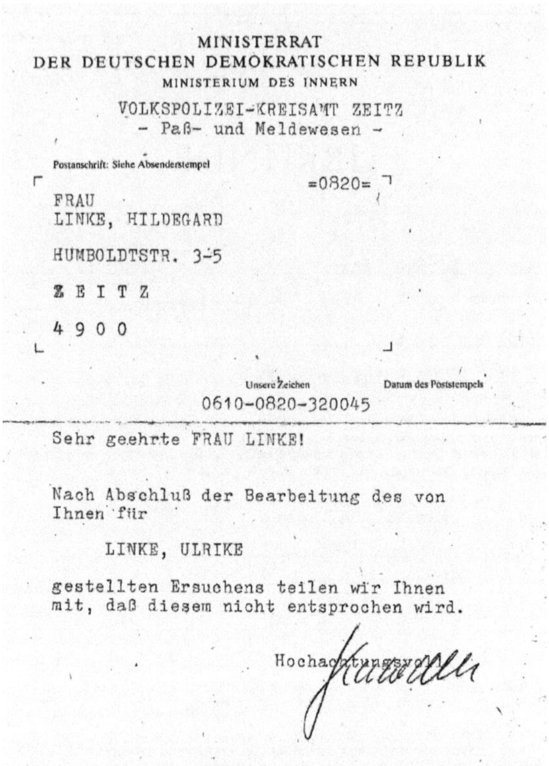

MINISTERRAT
DER DEUTSCHEN DEMOKRATISCHEN REPUBLIK
MINISTERIUM DES INNERN

VOLKSPOLIZEI-KREISAMT ZEITZ
- Paß- und Meldewesen -

Postanschrift: Siehe Absenderstempel

=0820=

FRAU
LINKE, HILDEGARD

HUMBOLDTSTR. 3-5

ZEITZ

4900

Unsere Zeichen 0610-0820-320045 — Datum des Poststempels

Sehr geehrte FRAU LINKE!

Nach Abschluß der Bearbeitung des von Ihnen für

LINKE, ULRIKE

gestellten Ersuchens teilen wir Ihnen mit, daß diesem nicht entsprochen wird.

Hochach[illegible]

Sippenhaftung für Hildegard Linke nach Ausreise der Nichte Ulrike Linke

Name (bei Frauen auch Geburtsname): Linke
Vornamen (Rufname unterstreichen): Ulrike
Geburtstag: 29. Dezember 1964
Geburtsort (Land, Kreis): Wernigerode/DDR
Kinder unter 16 Jahren

	Vorname	Geburtstag
1.	Maximilian	27.08.87
2.		
3.		
4.		
5.		
6.		

Ständiger Aufenthalt im Bundesgebiet (Berlin-West) seit: 15. Juni 1989
Wohnort und Wohnung: Geroldsauer Str. 154, 7570 Baden-Baden
Unterschrift des Inhabers
Baden-Baden, den 11.04.90 (Ort, Datum)
Kreisamt für Umsiedlung Baden-Baden (Ausstellende Behörde)
(Müller) Stadtassistentin z.A. (Unterschrift)

Nr. des Personalausweises: 6390201117
Behördliche Eintragungen

Flüchtlingsausweis "C" der Bundesregierung – ein Fall für die Mülltonne

Justizministerium

Gnade: Jurist muss nicht hinter Gitter

Ein Jahr und zwei Monate Haft erlassen

Von unserer Redakteurin
Helga Heilig

Zeitz/MZ. Eines so genannten Gnadenerweises, ausgesprochen durch die inzwischen ausgeschiedene Justizministerin des Landes Sachsen-Anhalt Karin Schubert, kann sich ein Jurist erfreuen, der in einer Anwaltskanzlei in Zeitz tätig ist. Das bestätigte der Leitende Oberstaatsanwalt Ingo Siehrt auf eine Anfrage der MZ.

Der Mann wurde im Januar 1996 rechtskräftig wegen Körperverletzung und Trunkenheitsfahrt verurteilt. Er hatte seine Lebensgefährtin mit dem Messer bedroht und verletzt. Sein Strafmaß, ein Jahr und zwei Monate Haft wurde damals auf vier Jahre Bewährung ausgesetzt. Im Dezember 1999 wurde der Jurist erneut bei einer Trunkenheitsfahrt ertappt. Daraufhin entschied das Gericht, dass die Bewährung aufgehoben ist und der Mann seine Strafe im Gefängnis absitzen muss. Der Verurteilte focht diese Entscheidung an und ging damit durch alle Instanzen. Allerdings brachte das nichts, denn immer wieder wurde dem erstinstanzlichen Urteil stattgegeben. Als sämtliche Rechtsmittel ausgeschöpft waren, wandte sich der Mann mit einem Gnadengesuch an die Justizministerin. Im Juli 2001, so Siehrt, wurde dem Gnadengesuch stattgegeben; der Mann brauchte seine Haftstrafe nicht anzutreten.

Die MZ wollte aus der Pressestelle des Justizministeriums bereits Anfang der letzten Woche erfahren, wie viele Gnadengesuche jährlich gestellt werden, wie vielen tatsächlich entsprochen wird und welches der ausschlaggebende Punkt für einen positiven Bescheid in diesem konkreten Fall war. Eine Antwort auf unsere Fragen ist bis gestern weder telefonisch noch schriftlich eingegangen. Der Leitende Oberstaatsanwalt Siehrt informierte darüber, dass Gnadengesuche für Strafen bis zu einem Jahr von ihm behandelt werden. Was darüber liegt, entscheide entweder der Justizminister oder in besonders schweren Fällen der Ministerpräsident. Siehrt betonte: „Gnadenverfahren sind der letzte Ausweg überhaupt." Es sei „äußerst selten", dass eine Entscheidung positiver Art gefällt werde. **Kommentar**

Unser Anwalt in Zeitz nach der Wende

Glücklich auf Formentera –
Maximilian mit seiner Schwester Victoria

wir sind ein Team von Journalisten und Regisseuren, das für verschiedene Fernsehsender arbeitet. Unter anderem auch für [illegible] In diesem 30 minütigen Format gehen wir gemeinsam mit den "Nachkommen" auf Spurensuche, um das Lebens der "Ahnen" zu ergründen.
In diesem Zusammenhang ist uns gestern ein Zeitungsartikel aufgefallen, in der es um die Geschichte des Vaters von Frau Linke geht.
Auf den ersten Blick scheint das Leben von Karl-Heinz Linke für diese Sendung gut zu passen.
Wir würden gern mit ihrer Mandantin ein Recherchegespräch (gern auch persönlich) führen wollen, um eine mögliche Zusammenarbeit auszuloten.

Ich hoffe, dies trifft auf Ihr Interesse.

Anfrage vom 01.08.2018 an einen unserer Rechtsanwälte

Landesamt für Zentrale Soziale Aufgaben
- Landesversorgungsamt -

BERLIN

Dienstgebäude: Marienfelder Allee 66 - 80, 12277 Berlin
Postanschrift: Postfach 310929, 10639 Berlin, Fax: (030) 7204-275

Frau
Ulrike Lücke
Marienbergstr. 183
76534 Baden-Baden

GeschZ.: (bitte immer angeben)
VI E 17- 4636/ 5794
Bearbeiter(in): F. Lück
Zimmer 2481/ Torweg 6
☎ (Durchwahl)
7204 - 175
7204 - 0 (Zentrale)
Berlin, den 14. Juli 1997

Betr.: Ihr Antrag vom 16.12.95 auf Rehabilitierung nach dem 2. SED-Unrechtsbereinigungsgesetz, Az.: VI E 4636/5794

Sehr geehrte Frau Lücke,

auf Ihren o. a. Antrag haben wir Ihnen mit Schreiben vom 18.03.96 Antragsunterlagen übersandt und Sie gebeten, die Vordrucke vollständig ausgefüllt an uns zurückzusenden.

Leider konnten wir bis heute keinen Eingang der Unterlagen verzeichnen.

Da die Bearbeitung Ihres Antrages ohne vollständige Ausführungen zu den in den Antragsvordrucken genannten Fragen nicht möglich ist, bitten wir Sie, die Unterlagen nunmehr ausgefüllt zurückzusenden und die erforderlichen Nachweise beizufügen. Vorsorglich haben wir diesem Schreiben neue Vordrucke beigefügt.

Sollten Sie Ihren Antrag nicht mehr aufrechterhalten wollen, bitten wir um eine kurze schriftliche Mitteilung, daß Sie Ihren Antrag zurücknehmen.

Für eventuelle Rückfragen stehen wir unter der oben genannten Telefonnummer gerne zur Verfügung.

Mit freundlichen Grüßen

Im Auftrag
[Unterschrift]

Bestätigung des Rehabilitierungsantrages vom 16.12.1995

Bootshaus Hubertusstock am Werbellinsee

Ulrike und Joachim auf den Spuren der Ahnen am Werbellinsee

Ulrike Linke vor der Gedenktafel in Zeitz

Gedenktafel in Zeitz

Familiengrab in Zeitz

Grabrede für Gudrünchen

Meine Mutter, geboren am 28.12.1921 in Magdeburg als Tochter eines Arztes und seiner Gattin.

Sie verlebte eine unbeschwerte und vielseitige Kindheit in Zeitz, unternahm mit ihrer Mutter wunderbare Reisen, genoss eine musische Erziehung und verbrachte die Ferien oft mit Freundinnen in der großelterlichen Apotheke in Billigheim in der Pfalz.

Nach der Schulzeit besuchte sie ein Mädcheninternat in Eisenach. Der 2. Weltkrieg bescherte auch ihr gravierende Veränderungen.

Sie arbeitete als Sprechstundenhilfe in der Praxis einer befreundeten Ärztin, infizierte sich dort mit Scharlach-Erregern und verlor infolgedessen beinahe ihr junges Leben.

Ihre Eltern ließen nichts unversucht, ihrem geliebten Kind zu helfen, und es gelang ihnen durch den Verkauf von Wertgegenständen, das lebensrettende Penicillin zu erwerben.

Gudrun erholte sich, musste aber alsbald den Verlust ihres ersten Verlobten Rudolf verkraften, der als Pilot an der Front eingesetzt war und bei seinem ersten Flug sein Leben verlor.

Nach dem Krieg begann Gudrun eine Ausbildung zur Medizinisch-Technischen Assistentin in Berlin. Sie verliebte sich in diese Stadt und hielt ihr bis 1958 die Treue.

In diesem Jahr heiratete sie ihren zweiten Verlobten, Herrn Karl-Heinz Linke, der ebenfalls aus Zeitz stammte und inzwischen als Diplom-Ingenieur den Aufbau verschiedener Betriebe leitete.

Nun folgte ein Umzug nach Rübeland im Harz, wo sie sich zuerst unglücklich, später aber sehr gut aufgehoben fühlte.

Im Jahre 1962 erblickte ihr Sohn Jürgen das Licht der Welt und zweieinhalb Jahre später die Tochter Ulrike.

Gudrun hatte ein sehr inniges Verhältnis zu ihren Eltern in Zeitz, häufige Besuche waren angesagt, und auch die beiden Kinder verbrachten viel Zeit in der schönen Wohnung der Großeltern in der Humboldtstraße 3–5.

Die folgenden Jahrzehnte brachten für Gudrun viele persönliche Schicksalsschläge. Ihre geliebten Eltern starben, und ihr Ehemann Karl-Heinz begann seinen juristischen Kampf gegen die DDR-Behörden. Diese hielten sein wunderschönes Elternhaus in der Agricolastraße 8 zwangsbesetzt und missbrauchten es als Musikschule. Leider war sein Kampf in Zeiten der DDR-Diktatur zum Scheitern verurteilt, und im Jahre 1983 musste Gudrun seinen Tod betrauern, ohne Abschied von ihm nehmen zu können. Sein Leichnam trieb am ersten Urlaubstag im Werbellinsee, wo die gesamte Familie jahrzehntelang wunderschöne Ferien verbracht hatte.

Dieser Schicksalsschlag traf Gudrun enorm.

Fortan kümmerte sich vor allem ihr Sohn Jürgen rührend um sie und richtete eine große Wohnung in ihrem geliebten Zeitz ein, die sie als Wohngemeinschaft teilten.

Ulrike wohnte inzwischen im Schwarzwald und war froh, als die Mauer fiel und sie ihre Lieben wieder regelmäßig sehen konnte. So schien das Leben für Gudrun wieder in geordnete Bahnen zu gelangen. Sie besaß einen wunderbaren sonnigen Garten an der Bornpromenade, der ihr viel Freude und Kraft gab. Sie liebte den Frühling und Sommer und verbrachte viel Zeit in ihrem kleinen Paradies.

Im Februar 1992 schlug das Schicksal erneut zu, ihr Sohn Jürgen erlitt mit nur 30 Jahren einen Herztod und wurde von Gudrun leblos im Bett liegend gefunden.

Die folgende Zeit war sehr schmerzlich für sie. Gudrun verlor sämtliche Lebensfreude und Hoffnung, und für die Tochter Ulrike und deren Ehemann Joachim wurde die Entscheidung, sie nach Baden-Baden umzusiedeln, unvermeidbar.

Man fand ein hübsches Haus mit zwei Wohnungen am Waldrand, Gudrun konnte ihre Möbel mitbringen und tankte neue Lebensenergie. Sie erfreute sich an der schönen Gegend, dem mediterranen Klima und an ihren Enkelkindern Maximilian, geboren 1987, und Victoria, geboren 1991.

Mit enormem Engagement unterstützte sie die junge Familie in oft schwierigen Situationen. Mit großer Leidenschaft und Toleranz nahm sie an der Entwicklung ihrer Enkel teil, sie pflegte regen Brief- und Telefonkontakt zu ihren wenigen Verwandten und ihren Freundinnen, die überall im Land verstreut lebten, unternahm mit uns „Baden-Badenern“ Ausflüge und kleinere Reisen in die Vogesen, an den Bodensee und in den Schwarzwald. Ich glaube, sie fühlte sich nun recht wohl und gut aufgehoben.

Ihre große Angst galt Arztbesuchen jeglicher Art. Gudrun wies sämtliche Konsultationen diesbezüglich von sich und ließ auch ihr immer schwächer werdendes Herz nicht behandeln.

So fand sie ihr Enkel Maximilian an einem wie immer normal verlaufenden Tag spät abends im Bett: Sie wollte sich wohl gerade das Nachthemd überziehen, kippte um und war tot.

Welch privilegiertes Ende nach einem turbulenten Leben – und das alles ohne Doktor!

Nachwort

Fluchtgeschichten sind interessant. Fluchtgeschichten sollen das Herz des Lesers berühren und ihn dankbar für den eigenen Wohlstand stimmen.

Ich finde, Fluchtgeschichten sind ein Kapitel für sich. Mich erinnern sie oft ein wenig an Grimms Märchen. Der Anfang ist bitterböse und das Ende honigsüß. Allerdings gibt es auch eine Vielzahl derer, denen die Kraft fehlt, ihre Geschichten zu Gehör oder zu Papier zu bringen, die weder eine neue Heimat fanden noch einen Platz in der sozialen Hängematte ergattern konnten. Und dann gibt es noch mich, der sowohl vor als auch nach der Flucht so viel Merkwürdiges widerfuhr.

Davon habe ich berichtet.

Mir blieb einst gar nichts anderes übrig, als die Flucht anzutreten.

Ich lebte im damaligen Ostdeutschland und war bereits als Kind in Erich Honeckers Arbeiter-und-Bauern-Paradies in Ungnade gefallen. 1987 musste ich gezwungenermaßen Ausreisepläne gen Westen schmieden. Nach zwei Jahren Arrest war es so weit. Ich begab mich, nachdem ich einen Großteil meines geerbten Vermögens dem sozialistischen Staat vermachen musste, mit meinem kleinen Sohn in den anderen Teil Deutschlands, genauer gesagt nach Baden-Baden, denn dort wartete bereits der Vater meines Kindes, der die Ostzone zwei Jahre vor uns fluchtartig verlassen hatte, sehnsüchtig auf uns.

Mein neues Leben empfand ich als fremd. Die tägliche Arbeit als Kinderkrankenschwester im 3-Schicht-Dienst ließ mir kaum Zeit zum Eingewöhnen. Das Band zur Herkunftsfamilie und zu langjährigen Freunden schien unwiderruflich zerschnitten zu sein, und mein Sohn nannte seinen Vater mit Beharrlichkeit „Onkel Papa“ – zwei Jahre Trennung waren doch eine lange Zeit für ein kleines Kind. Dann kam, was heute fast jeder weiß, aber ich damals nicht kommen sah: Die Mauer fiel!

„Da hätte ich mir ja Einiges ersparen können!“, war mein erster Gedanke! Jedoch, ich konnte nun wieder meine Lieben „DRÜBEN“ in die Arme schließen, was für ein Genuss! … Und ich bekam die Möglichkeit, über einen Teil des bislang eingefrorenen Familienvermögens, das seit 1945 auf einer Bank in West-Berlin schlummerte, zu verfügen.

Damit weckte ich nun auch das augenscheinliche Interesse von soliden Beratern an mir, allüberall waren sie zu finden, im Kreditinstitut, in der Bausparkasse, im Auktionshaus, im Immobiliengeschäft … Samt und sonders erschienen sie eloquent und überzeugend!

Sie alle meinten es sicher gut mit sich, denn anders kann ich es mir heute nicht erklären, wie sämtliche irdischen Güter, eigentlich alles, was meine Vorfahren sorgsam für die Nachkommen anlegten, den Besitzer wechseln konnten.

Sicher war ich in Vermögensfragen eher der „klassische Ossi von damals“, relativ harmlos und gutgläubig, also diesbezüglich von einfältiger Natur! Nun ja, es war ja nur Geld!

Meine gesamte Kraft investierte ich fortan in das Wohl meiner Familie und in den Kampf gegen erlittenes DDR-Unrecht! Mein Mann stand mir dabei tatkräftig zur Seite und erkrankte nach Einsicht in die Stasi-Akten schwer. Nun wurde es richtig eng für uns, da ich für jedwede finanzielle Unterstützung staatlicherseits in meinem Beruf zu viel verdiente, es ging wohl immer nach Tabellen und Bemessungsgrenzen …

Somit verwandelte ich mich zur Multijobberin. Dies erwies sich zeitweise als regelrechter Glücksgriff, denn im pittoresken Baden-Baden hatten wir nun auch keinen Anspruch mehr auf Stromzufuhr, also eigentlich stand es zappenduster um uns. Zeitweise hielt ich nachts Wache am Millionärskrankenbett im

„guten Viertel“ der Stadt. Dies ermöglichte mir morgens eine Dusche direkt vor Ort und auf dem Weg zum nächsten Einsatz das Sammeln von Pfandflaschen! Dies wiederum sicherte uns das tägliche Abendbrot.

Wir besaßen einen kleinen Bunsenbrenner, auf welchem sich vorzügliche Eiergerichte kreieren ließen. Seit damals sind unsere Cholesterinwerte ein streng gehütetes Geheimnis! Nun hätte ich wahrhaftig an der Verbitterungsstörung erkranken können, aber dazu blieb keine Zeit. Nicht nur der Gerichtsvollzieher, nein auch der Winter stand vor der Tür, und ohne den Verkauf des Goldschmuckes, den Oma ihren Enkeln auf dem Totenbette vermacht hatte, wäre es nicht nur zappenduster, sondern auch frostig für uns geworden … Jedoch, es ging weiter!

Dank der Ahnen konnten wir nach einem dreiviertel Jahr Stromsperre wieder Musik hören! Der CD-Player setzte genau da ein, wo er im Frühjahr den Geist aufgab, und Heinz Rudolf Kunzes Lied, in dem es heißt: „… du wirst nie zu Hause sein, wenn du keinen Gast, keine Freunde hast …“ klingt mir heute noch in den Ohren!

Manchmal erinnert mich mein Leben an Omas Geschichten vom Krieg, von Entbehrung, von Notverkäufen, vom Mauerbau und von Isolation, und dann denke ich mir: Die Geschichte hat sich irgendwie wiederholt für mich …

Jedoch, getreu Omas Devise, „immer weiter vorwärts gehen“, halte ich es mit Oscar Wildes Spruch: „Am Ende wird alles gut, und ist es nicht gut, dann ist es auch nicht das Ende.“

Daumendrücker gibt es reichlich auf der Welt, ich mache einen großen Bogen um sie, erfreue mich an einem engagierten Verleger, der inzwischen meinen Weg begleitet und natürlich an meinem Mann und Weggefährten und an unseren beiden fabelhaften Kindern.

Für mich

Ich erreiche bald die „60“,
habe reichlich Mist vollführt,
und nun soll ‘ne Party steigen,
weil sich so etwas gebührt.
Alle Freunde werden kommen,
Pech für den, der keine hat.

Manchmal sehe ich verschwommen
große Feste in der Stadt,
wo vor ewigen Gezeiten
ich mal wohnte undsoweiter …
Damals kamen freilich viele,
damals war ich auch noch heiter!

War bei Weitem nicht verdrießlich,
nicht verschlossen, nicht verzagt,
lebte selig in dem Glauben,
dass gewinnt, wer etwas wagt!

Ja, gewonnen hab‘ ich reichlich
viele Nieten und Verluste,
und ich machte viele Fehler,
mehr, als ich je machen musste!

Bald schon naht die Ziffer „60“,
darauf soll ich „einen heben“ …
Letzteres kann ich vortrefflich –
Prösterchen!!!
So ist mein Leben!